25 ANOS
autêntica

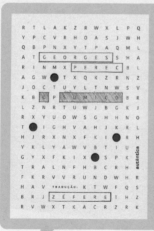

Leia também:
O sumiço
Georges Perec

Trad.: Zéfere

PRÊMIO
JABUTI 2016
Tradução
e Capa

PRÊMIO LITERÁRIO
BIBLIOTECA
NACIONAL 2016
Tradução

GEORGES PEREC   **QE REGRESSEM**

autêntica   TRADUÇÃO ZÉFERE

Copyright © Éditions Julliard, Paris, 1972, 1991
Copyright desta edição © Autêntica Editora, 2023

Título original: *Les Revenentes*

Todos os direitos reservados pela Autêntica Editora Ltda. Nenhuma parte desta publicação poderá ser reproduzida, seja por meios mecânicos, eletrônicos, seja via cópia xerográfica, sem a autorização prévia da Editora.

EDITORAS RESPONSÁVEIS
Rejane Dias
Cecília Martins

DIAGRAMAÇÃO
Guilherme Fagundes

CAPA
Diogo Droschi

REVISÃO
Marina Guedes

Dados Internacionais de Catalogação na Publicação (CIP)
(Câmara Brasileira do Livro, SP, Brasil)

Perec, Georges, 1936-1982
  Qe regressem / Georges Perec ; tradução Zéfere. -- 1. ed. -- Belo Horizonte : Autêntica, 2023.

  Título original: Les Revenentes
  ISBN 978-65-5928-247-0

  1. Romance francês I. Título.

23-186284   CDD-843

Índices para catálogo sistemático:
1. Romances : Literatura francesa   843

Aline Graziele Benitez - Bibliotecária - CRB-1/3129

Belo Horizonte
Rua Carlos Turner, 420
Silveira . 31140-520
Belo Horizonte . MG
Tel.: (55 31) 3465 4500

São Paulo
Av. Paulista, 2.073 . Conjunto Nacional
Horsa I . Sala 309 . Bela Vista
01311-940 . São Paulo . SP
Tel.: (55 11) 3034 4468

www.grupoautentica.com.br
SAC: atendimentoleitor@grupoautentica.com.br

O soneto reproduzido nas páginas 72 e 73 é de Adolphe Haberer. A epígrafe deste texto é retirada de um texto de três páginas, intitulado Eve's Legend, *publicado em* The Keepsake *de 1836; seu autor é Henry Richard Vassall-Fox, terceiro Lord Holland.*

Lex

1. *"Qu" se torna "Q": qe, qerer, seqer, leqe, freqente etc. (Decisão do OuLiPo em sessão do dia 07 de março de 1972.)*
2. *Alguns poucos (e, de repente, nem tão poucos) empregos do "y" serão tolerados (New Jersey, Yes, Cheyenne etc.)*
3. *Diversas sortes de distorções (a elaboração de uma lista seria fastidiosa) serão admitidas de forma mais ou menos progressiva ao longo do texto.*

E SERVEM LEX EST, LEGEMQVE TENERE NECESSE EST?
SPES CERTE NEC MENS, ME REFERENTE, DEEST;
SED LEGE, ET ECCE EVEN NENTEMVE GREGEMVE TENENTEM.
PERLEGE, NEC ME RES EDERE RERE LEVES.[1]

Eve's Legend

[1] "E" REGE; E QEM ESCREVE QE SE REGRE EM MERCÊ DELE?
BEM, SEM QE SE DESESPERE, REFLETE E ESCREVE EM FRENTE;
TENTE LER E VER, DE REPENTE, QE EVE ENTRETÉM RESES.
PERSEVERE; DE REPENTE, PERCEBES QE NEM É RELES ESTE VERGÊ.
(N.T.)

Estes seres qe se descrevem
e gentes de pele e dentes,
nem seqer pense em crer
qe se refletem entre eles.

Perec

15 Qe regressem

105 Posfácio do tradutor

Qe regressem

Qe nem reses em xeqe, sete Mercedes-Benz verdes, de qe pendem crepes beges qe empecem de ver qem vem neles, descem West End Street e vertem leste em Temple Street. Nem seqer céleres, vêm entre sebes e senes em qe, bem leve, se bem qe veemente, estende-se Exeter Temple,[1] qe, de repente, em frente, enche de gente, gente qe qer ver qe qer qe se revele nesses Mercedes.

– Qem qe é?

– É preste,[2] Preste-Mestre! *Excellence!*

– Cê é demente, é? Deve ser vedete! – frendem, sem dentes, três senescentes.

– Qer perder três *pence*? Qer ver qe é Mel Ferrer? – Crê esse zé qe deve ser *expert* em *westerns*.

– Nem vem qe nem tem! É Peter Sellers! – desmentem sete pedestres sedentes de TV.

– Mel Ferrer! Peter Sellers! *Never!* – fremes. – É Bérengère de Brémen-Brévent.

– Bérengère de Brémen-Brévent!! – exegese qe gentes repetem, se bem qe sem te crerem.

---

[1] Sé de Exeter. (N.T.)

[2] Crente regente, ser de fé qe repete preces, benze, pede qe plebes rezem nem seqer peqem. (N.T.)

– É – recresces –, é Bérengère, Bérengère "*The Qeen*", Bérengère "*The Legs*", esse ser qe tem reverentes em Dresden e Leeds, qe fez qe lhe venerem de pé em Rex, Sélect e Pleyel! Bérengère, esse ente celeste, vedete entre vedetes, célebre em qermesses e refesteles! Nem seqer tem gente qe lhe desqer, nem prestes se retêm em frente de Bérengère; sempre qe se despe, três, sete, cem deles se perdem, lelés!

– E qe é qe esse xenhenhém tem qe ver em Sé? Nem prece lhe serve! – desmerece Bérengère esse beré-beré de qepe e veste e qe, de repente, repreendes:

– Qe mente reles qe cê tem! Se Bérengère vem em Exeter, é qe qem rege este *Temple* é descendente de sêmen e de ventre de qe descende Herbert Merelbeke, e, de Herbert, descende Thérèse Merelbeke, qe teve Bérengère de mestre, e Bérengère sempre prefere Thérèse entre qem lhe teve de mestre.

Sem entender bem, ele mexe e remexe nesse pencenê de hester dele.

– E qem é qem nesse trem de descendente e de mestre qe prefere qem nem seqer se vê qem é?!?

Esse desdém dele te fere, te fez ferver, e é premente ser zen, render-te, desprender-te dele e desses seres qe nem ele. Qeres ver Hélène. Em frente!

Pedestremente, segges e sentes qe tem gente qe nem serpente, sem qe pesqes bem qem e qe qer qe se segredc e enrede:

– …Sé de Exeter, efervescente, é revés…

– …É Bérengère qe tem reveses: deve.

– …Qer vender belenggendéns qe lhe pertencem.

– Rende bem se vender?

– ...E tem qem recepte?

– Sé de Exeter tem gente qe se entremete!

– ...eh-eh!...

Sentes qe vem frente qente, se bem qe vente. E verbetes se perdem...

É Estelle qe recebe Hélène nesse *flet* qe tem cerce de New Helmstedt Street, entre Regent Street e Belvedere. Vens e tem qem vede qe entres. Estendes sete *pence* presse ser; ele se vende:

– Entre.

Vês Hélène, qe sente qe qeres te refecer e te serve schweppes. Bebes, te desvestes levemente e pedes leqe.

– Qe qente!

– É... de derreter!

– Estes meses fervem, né...

Hélène te estende três, sete kleenex, qe, rente em pele, embebes e espremes.

– Se seqe bem! Sem premer!

Sentes qe, se bem qe preze te ver em pele, Hélène se retém, sem qe expresse se reter; e, de repente, expede:

– Cê esteve em Exeter Temple? Recebem Bérengère?...

– *Yes*.

– Excelente! Se bem qe é premente!

– Qe é qe cê qer, Hélène? Neres de neres!

– Qe neres de neres qê! Esses pertences e pendentes de Bérengère rendem bem!

Percebes Hélène efervescente, sedente.

– Se cê se meter nesse trem, cê perde, Hélène! Tem QG qe defende Sé de Exeter, bem em frente: tem PM, PF... três, dez, cem deles!

– Qe peste esse QG! Depende qe se espere e, de repente, me embrenhe sem me verem.

De revez, vem-te em mente qe, recentemente, percebeste "gente qe nem serpente, sem qe pesqes bem qem e qe qer qe se segrede e enrede", e repetes qe qer qe entendeste:

– Qe nem cê qer, Hélène, tem gente rebelde qe qer esses berenggendéns de Bérengère!

Hélène frende dentes, sem qe se expresse em verbetes.

Sentes qe tens de te entremeter:

– Cê prevê *stress*?

– Sem *stress* – mente Hélène, qe reflete, sem premer.

– Revele-se; qe é qe cê tem em mente, qem é qe te vem em mente?

– É Ernest qe me vem em mente, esse meqetrefe!

– Qe peste, esse f.d.p.?

– É, esse verme e esses sete *teens* greggeses qe servem ele!

– Se cê pretende ver eles perecerem, me pede e fez-se!

– Preserve-se – prescreve Hélène –, perecer é presente presses vermes, cê é qem perde, vem PM e lhe prende em Fresnes... Qe eles despenqem em brete!

Ver qe Hélène nem seqer teme nem treme detém-te, se bem qe persentes qe Hélène excede em levez. Repreendes:

– Cê crê qe deter Ernest e esses sete *teens* dele vem de refez? Tem qe se mexer, e se né nesse *weekend*, é *never*, é premente. Cê tem qem lhe leve té Bérengère?

– *Yes*, bebê! É Thérèse qe me serve de referente!

– Thérèse? Thérèse Merelbeke?

– É! Thérèse me entende e defende desde sempre. Qem rege em Exeter Temple qer mexe-mete, ele e esses prestes dele, e Thérèse é pretendente entre eles!

– Cê é expert, Hélène! Thérèse vem em Exeter e cê lhe perverte! Se bem qe Thérèse é de Rennes, né? Tem qem chegge prestemente em Rennes e lhe pede qe venhe em Exeter nesse *weekend*?

– Cê é bem demente, né, Clément! Telex serve de qê?

Sem renqe, vês-te de frente de servente qe mexe em dentes, em pentes, em lentes e qe, sem premer, revê verbetes em vergês de qem nem bem escreve.

— Cês remetem telex?

— É qe... qerem qe feche.

— É greve, é?

— Vem me rever entre sete e sete e dez!

— É qe é premente!

— Bem premente?

— É premente vezes três!

Ele cede e pede qe, brevemente, endereces este vergê qe te estende, em qe escreves:

THÉRÈSE MERELBEKE. SETE, FRÈRES FERRET ST. TRÊS SETE, RENNES. BRETE EM BREVE. VEM. CLÉMENT.

Esse beré-beré desse servente lê e, de repente:

— Cê me deve *twelve pence*.

— Hem?! E tem freggês qe despende *twelve pence* em reles telex?

— Se cê qer qe se desregre, tem qem regre. Servente serve e recebe!

— *Merde!* — desferes nele esses *twelve pence* e nem seqer te despedes.

Segges sem leste, rente de Elster Reever, entre senes e *evergreens* qe recendem. Vês gente de tez de neve, nem seqer bege. Tem qem pesqe xereletes e perceves. Tem esse preste Bennett (de pés qe fedem qe nem *chester*) qe vende sementes verdes e crepes fermentescentes. Tem menestrel celtês de sedém veementemente rebelde qe externe rés em rebeqes e reqe-reqes. Cerce de creches em greve, bebês bebem nestlé qe serventes lhes servem prementes. Tem reses qe berrem. Tem bentererês qe se qedem em ceprestes. Tem céleres bererês qe flechem de repente entre bem-me-qeres. Tem *setter* qe se enteresse em ventres de *pets* qe nem *teckel* e *welsh*. E segges, qeres ver hermete e hermes de Stefenssen, qe, reverente de Eyffel e Perret, é qem fez cerce de três vezes sete sedes zen de greggeses e de pérsels.

Vês e persentes esse *spleen* de qem se lembre e relembre, de qem revê em mente Ellesmere, qente, verdecente, em qe se veem petrel e xexerém. Qe *spleen*! Qeres, de revez, premer pés em Ellesmere, de qe és descendente, em qe reflete celeste éter, em qe vertentes de greggeses emergem excrescentes, em qe se veem vergel prenhe de sementes em mês sete e sés efesenses qe se enchem de gente de fé! Thelememente clemente: qerer, de revez, Sceve e Stern, e Mersenne, e Wegener!...

Thérèse Merelbeke é de sete de mês sete de três e sete e vem de Tlemcen. É descendente de sêmen belggês e ventre vendêense. René Merelbeke – pertence-lhe esse sêmen – é tenente e, presentemente, exerce cerce de Leclerc, chefe dele, qe pretende ser Regente e empece rebeldes berberes de evencerem esses dey e bey qe regem entrementes. Depreende-se qe qem vê crescer Thérèse é Herbert Merelbeke, sêmen de qe descende René. E Herbert descende de qem descendem Serge (Preste-Mestre de Exeter) e Pernelle (em neném, Bescherelle). Herbert tem sete vezes cem reses, qe lhe rendem bem e qe, qer berrem qer nem berrem, é entre eles qe crescem e se embevecem bebês qe nem Thérèse.

Bem, René Merelbeke, se bem qe deteste e deseje pender e ver perecerem esses rebeldes, repreende-lhe Leclerc, qe reflete serenemente: qe se entese, sem qe se empedre.

– Qe versete de *gey* é esse, Leclerc?!?

Eles se desentendem de vez, té qe René tente e nem defenestre Leclerc, qe mete pé nele e lhe fere.

De repente, vem chefe de chefe, crê qe Leclerc é qem fez bem e qe é de bem repreender esse tenente René, qe se ressente e reqer:

– Qe me desestresse em Metz, chefe.

E, sem qe seqer chegge em FR, René recebe este telex, qe fez qe ele se desespere e regresse prestemente: "Mehmet ben Berek fez Thérèse refém. Seggem de jeep em estepes berberes".

René pede qe Leclerc detecte, cerqe esses rebeldes e pegge Thérèse; e percebe-se qe esse chefe dele nem se enternece:

– Serve de qê, se Thérèse deve perecer em breve?...

Entende-se bem qe René deserte e engendre escrete de cem lensqenês e três vezes dez retres, qe vestem echerpe e fez e têm refles e fleretes senescentes, qecés, qenevetes e esteletes qe se qebrem em breve, serretes sem dentes e *gellettes* qe se ceggem celeremente.

E esses genetes qe errem de vertente em vertente, de vértex em vértex, cerce de *ergs* em qe, se é qe se vê verde, é sene qe se desterre nem bem vente... e qe eles, sem qe se desesperem, detectem Thérèse!

Entre estepes e estepes, entre El Kef, Meqenez, Zemzem, Yémen, sem seqer entrever esses berberes de Mehmet ben Berek, qe nem se eles se metessem entre senes qe lhes desvenecessem, René, de repente, sente-se prestes de se ver lelé, qe nem qem lhe segge, qe, seres dependentes de mete-mete, esqecem Thérèse e qerem é ver se veem reses qe lhes entretenhem.

Bem, é em três vezes dez de mês dez, cerce de Mezem-Berchem, ex-cerne nemêense, qe René e esses retres dele percebem berberes de Mehmet ben Berek e esse QG rebelde deles.

– Qe Mehmet me entregge Thérèse e se entregge!
– freme René.

– Qer qe berberes se entreggem? Nem pense! E
eles defendem qem é chefe deles!

E rebeldes e genetes qe pelejem! E esses berberes vêm céleres e espremem esses retres de René
Merelbeke, qe, de revestrés, entrevê se mexerem e
remexerem espéces de meretreezes. Sem qe pense
três vezes, ele vem ver bem rente e, sem qe ele seqer chegge, emerge Thérèse... e Mehmet, qe lhe
retém refém.

– Thérèse!

– *Père!*[3]

– Nem vem, nem tente – prescreve Mehmet ben
Berek, sem se exceder. – Qer qe decepe Thérèse, esse
bel ser qe lhe é descendente? É cê se mexer e fez-se!

– *Merde* – frende René –, cê qe se rebente, qe
se estrepe, qe se ferre! Qem te fez deve é se repender
desse trem qe fez! Cê é qe nem trem qe se meeje!
trem qe se defeqe!!

– Dêxe de ser demente, mede esses verbetes!

– Qe esses berberes te enterrem prestemente! Qe
Cebele, Ceres e Hebe se revelem clementes! Qe nem
me esperem te fender esse ventre!

E vem Thérèse se entremeter:

– Nem pense! Nem desventre Mehmet! Nem
tente pender ele nem verter ejé! Nem seqer deseje,
père, qe cês se enfrentem e pelejem! Enterre esse nêmese qe cê qer ser, cesse de pretender qe esses seres de

---

[3] Em tese, gente qe dê sêmen qe engendre neném. (N.T.)

qem me vê venerente penem, decrete de vez qe nem seqer se ggerrêe! Ser gente de bem é ser clemente!

– Hem? Hem? Thérèse, esse ser qe me prêenche de benqerer, Thérèse é benqerente desse rebelde!

– Benqerente, é, benqerente – expele Thérèse em trementes verbetes –, e benqerente desde qe ele me fez refém!

René, prenhe de perplexedez, se sente tremer.

– Qer me ver lelé… esse bebê… esse neném!

– Vem, neném! – entretêm-se lé e cré retres e rebeldes. – Thérèse é excelente, nem tem de crescer! É gente qe se deseje e qerem qe dêxe qe lhe penetrem!

– Qe esbeltez!

– Qe *belle*!

– Qe tez!

– Qe pele!

– Qe frente, qe ventre!

– Qe ré, qe pelve!

– E esses pés de nereyde!

– E esse cê-cê celeste!

– E esse sedém de hester qe se remexe sempre qe vente!

– Sem temer, tenente René Merelbeke – pede Mehmet ben Berek –, pense em me ceder Thérèse. Defere esse qerer desses qe te vêem; qe esses refles se qebrem, qe esses fleretes e qe cês se destemperem, qe se fechem esses kenevetes e nem seqer se ggerrêe! E qe estes seres qe me servem te dêem de beber e desenredem, em frente desses pés qe tens, tepetes pérsels; qe, prestemente, se celebre e se festeje qe me genrêes!

É nesse refestele qe Thérèse se fez de vez de Mehmet e qe René Merelbeke lhes benze: qe Mehmet se genrêe dele.

Se bem qe se deve entender qe chefe berbere nem sempre é bem-me-qer qe se chêre. Se é qe, de vez em vez, é excelente, esse heemenêl nem é leve nem tende de ser perene. É qe Mehmet é gente qe enrede; segge entre rebeldes. E René Merelbeke, nem qe bem descrente de Mehmet, tem de se defender veementemente de frente de chefes qe nem Leclerc:

– Ele é benqerente de Thérèse! Cê qer me meter entre eles, é? Nem tente!

Leclerc, fervente, frende:

– Tenente, desperse e nem revém!

Leclerc qer prender de vez Mehmet ben Berek, esse peste qe mete em xeqe *ententes* entre FR e helvécels, belggeses, engleses, sérvels, medêenses, venetenses e greggeses etc. Sem *entente*, qe fez qe gentes de Brest e de Temenressett se entendessem e empreendessem em eqeepe, nem tem qem referende qe FR persevere entre berberes.

Sem premer, Leclerc reflete e se reflete nestes verbetes:

– Se cê pretende qe se ejete Mehmet, qe se desvendem e extermeenem ele e esses rebeldes dele, cê tem de entender qe, nem qe se empenhe, esses berberes se metem entre senes em estepes, e nem pense em entrever eles! E tem gente qe lhes defende, qe segrede eles. Cê é qem perde, Leclerc... Se bem qe... e se cê remeter de revés nesse Mehmet? Se cê empreender qe detestem ele, qe ggerrêem entre eles?

He he he! Eles tremem de frente de Mehmet. Eles têm de crer qe Mehmet é nêmese deles e, seqentemente, desmerecer, destemer e evencer ele. Qe reneggem e execrem ele! Excelente, excelente! Bem, e qe é qe cê... qe é qe eles...? *Yes!* Eles têm de crer qe esse decente chefe enrede sem qe pense neles!! Têm de crer qe Mehmet se vende! Qe Mehmet mente! E Thérèse Merelbeke tem de ser qem centelhe esses rebeldes: qe se revele qe Thérèse se veste bem cheeqe, qe tem pertences de greefe (Hermès) em qe despende cheqes de cem em cem! Mehmet ben Berek defende berberes, é? Ele enveste em bens berneses e genebreses, e genwenses, qe rendem em Dresden, em Brémen e em Denver, e té em Metz; De Wendel e Lesseps lhe enchem de venténs, de réys e de yens, desde qe ele lhes segrede e entregge qe qer qe lhes enteresse: menérel... *bleck geld*... espécemes selvestres... Excelente! É cem esse brete, hem! Se bem qe, de repente, bem degênere!

Qe é degênere, é, e é xeqe de mestre esse brete qe Leclerc pretende qe se perpetre.

Bem, Mehmet ben Berek segge bem, é esse chefe qe temem e preferem esses rebeldes, seres qerentes qe se ejetem prestemente de estepes berberes esses descendentes de FR. E Thérèse Merelbeke Ben Berek é qe nem *the qeen* entre berberes qe lhe servem. Se é qe gele, qe treze e dezessete rebeldes lenhem e lhe esqentcm (e nem é freqente qe se lenhe em estepe!). Se sente qe efervesce, cem serventes vêm de leqe e lhe refecem. Se qer qe neve, qe lhe levem neve de Megève! Tem redes de rendendê genwense; e *bergères* de cepreste e de bel; e *chèses* de hester; e beefês prenhes de telheres de Sèvres!

E esses bens e benesses nem seqer empecem qe Thérèse qede deprê. Sedente de *westerns* de Penne e de Stevens (se bem qe lhe enternecem Welles e René Clément), se Mehmet lhe desse TV de presente, de repente, né... Sem ter TV, entende-se bem qe Thérèse deseje se entreter em FR, nesse Sene qe se estende sem premer entre tembês e em vergel de Vendée, e ver espécemes verdes e perenes em neve, em Denfert e Ternes.

Qe nem *the qeen* desses engleses de *keeng* Egbert e qe nem Helen Keller, Thérèse, sem verve, nem seqer se mexe nem verte em verbetes qe qer qe pense. Lê, lê e treslê, qe nem qem tente entender bem greggês. E té qe se sente bem, se sente entreter nesse *spleen* qe persente e nem depende de qe é qe lê: *Seven Legends* de Keller, e Terêncel, e Derème; Green e Greene, *Les Nègres* de Genêt; Engels, Lefebvre e Weber; Spengler e Scheller; René Crevel e Prévert (Ed. Seghers); Beckett, e Verne, e De Retz, e Beyle (prefere esses).

Entrementes, Leclerc segge menestre. Estepes se refecem e, nem bem vence esse mês sete, Thérèse recebe sedex em qe vêm três vezes treze pertences de greefe (Hermès), qe Thérèse – gente qe zele em se ver *belle* – qer ver prementemente se lhe embelecem.

– Qe pereqeté! É dez! Esse *bleyzer* me veste bem! E qe veste! E esse bedém de *tweed*! E esse vel de rendendê! Qe lene ele! E esse crepe desse qepe, excelente!

Mehmet nem seqer pressente qe esses presentes vêm de qem embrete. Ele se embevece! E gentes de Leclerc, qe se vestem de berberes, descem em Tlemcen e Meqenez e, de vertente em vertente, de vértex em vértex, de estepe em estepe, eles, qe nem teqe-teqes, mentem e repetem qe, de repente… nem se vê e… eh-eh…

— É, qem veste Hermès tem qe ser gente de bens…

— Tem qe ter cheqes…

— Cheqes e cheqes…

— Cheqes e cheqes e cheqes…

— E Mehmet ben Berek, esse decente chefe, tem bens qe lhe rendem nesse neevel?

— Ele é herel, é?

— Recebe e qer qe segredem esses bens?

— Qe segredem esses bens… qe segredem esses bens…

E tem trelente qe dêxe Meqenez e Tlemcen e semêe esse nhe-nhe-nhem e revele qe Mehmet ben Berek qer é Bentley e Mercedes, se bem qe reste gente qe lhe defende:

— Qe é qe tem qe decente chefe berbere, Mehmet ben Berek, se genrêe de René Merelbeke, tenente desses beré-berés de FR? Ele é decente, chefe berbebe em qem se deve crer!

Célere e prestemente, sem nem se perceber qe é brete de Leclerc, esse trem fede e se estende, té qe penetre em mentes rebeldes. E qem qer ver berberes descrerem nesse chefe deles expende em *flyers*:

Qe é qe cês qerem, BERBERES?
BERBERES qerem este estepe qe lhes pertence.
Qe é qe qerem DE WENDEL e LESSEPS?

DE WENDEL e LESSEPS qerem este estepe berbere.
É qc estepe berbere rende, é prenhe de *bleck geld*.
BERBERES creem em MEHMET BEN BEREK.
MEHMET BEN BEREK qer bens qe rendem.
É qe THÉRÈSE veste HERMÈS e qem veste HERMÈS
despende cheqes de cem em cem!
MEHMET BEN BEREK desfez destes BERBERES
qe creem nele.
MEHMET BEN BEREK se vende e recebe bens de
DE WENDEL e LESSEPS!
BERBERES, despertem!

Desde qe seqer lhe empecem, é de se entender
qe Mehmet ben Berek desdenhe esses *flyers* rebeldes:
— Nem qe reses berrem, seges seggem em frente!
E chefes berberes vêm e repreendem Mehmet;
bem qe ele merece esse esbregge, se bem qe negge
veementemente qe ele e Thérèse despendem qe nem
dementes:
— Sedex de Hermès qe Thérèse recebe é presente
de gente de FR, presente de neever!
E, em tese, é neste mês, mês sete, qe Thérèse se
expele de ventre de genetreez.
Seggem-se meses em qe esses chefes perseggem,
detêm e enqerem Mehmet, té qe lhe leberem e ele
chegge de revez té Thérèse.
Qe esses chefes sentem qe Mehmet nem merece
esse esbregge desses *flyers*, eles sentem. Sentem qe ele é
desses rebeldes qe nem seqer se rendem e qe preferem
perecer em vez de se vender. Qe esses chefes creem
nele, eles creem… Flente é qe pressentem qe esse

nhe-nhe-nhem empece e lese de vez esses berberes qe lhes seggem. Eles temem qe, de frente de precedentes desses, em vez de crescerem, esses rebeldes emperrem e se estrepem! Temem qe se decepe cerce qe qer qe reste de fé berbere em se defender, reter esses estepes e vencer FR! Temem degenerescer e senescer!

— É perder benesses qe vêm de cem semestres de leede!

— E qe é qe se deve qerer de Mehmet?

— Ele tem de perecer! E é premente!

— Qe sete rebeldes, de pele *bleck* qe nem pez, vésper em zênete, sem qe gente lhes veje, penetrem estepes de Mehmet ben Berek, célebre e decente chefe berbere, e lhe desventrem!

Em sete de mês dez, perece Mehmet ben Berek.

E qe é qe se fez de Thérèse Merelbeke, qe segge vevente, se bem qe presentemente lhe detestem esses rebeldes berberes?

Thérèse embebe kleenex de cem em cem e se despede; FR lhe recebe.

Thérèse Merelbeke (ex de Ben Berek), presentemente, tem pretendentes qe entretém e qe lhe entretêm: Hervé Pléven-Pleyel, regente de Nevers, e Kléber le Helder, qe gere bens de Thérèse e nem seqer vê mês sem qe engenhe e regeestre brevês de trens (fez bem cem deles) qe nem estes:

— MEDE-NENÉM, qe, se seres emberbes se estendem de vez em vez rente dele, qe se pende em retretes, lê-se, em pés, se ele cresce bem;

— PEGGE-E-PESQE, qe é de bem ter se se qer pêxe;

— REPELE-BERNE;

— HERB-KEELER, se se qer desverdecer qembembe e vergel;

— PESE-NERVS, qe vem de Weber e Fechner e descerne dentes qe te qerem bem entre dentes qe te desqerem, qe qerem qe te desesperes;

— SPECTRE-DETECTER, flechete qe se mexe se percebe entes de éteres celestes e seres qe perecem, e qe, nem qe se lhes enterrem, eles regressem;

— PREGGE-PENCE;

— EMBEBE-FÊXE (qe nem DESENCENDEX de Jenner-Seltz), qe empece qe TNT se centelhe e encendêe (precedentes se repetem sem ele!);

– SELF-BEBES, qe, qe nem Kleber le Helder descreve, tem sete pentes em qe entrem e de qe se externem dentes de hester qe se engrenem, espremem e ejetem em recepêentes, qe retêm, sem qe despensem, leyte de bebê beber; e tem três vezes dez ferretes de Melsens qe se prendem entre eles e em sete flemes de Scheffer, qe nem rede, e qe emergem e descem, desde qe se empenhe em lhes reter e desprender, e qe, se se desprendem, esses recepêentes prenhes de leyte se mexem e vêm em frente de qem qer qe esteje cerce deles. Serve genetreezes qe pelejem em cem deveres deferentes, qe penem em entreter e encher ventres desses nenéns sedentes qe lhes pertencem e qe, nesse SELF-BEBES, bebem e repetem, sem temer, e crescem bem, sem qe genetreezes se estressem;

– TELEMÉTREL DE SPENCER, qe, sem ele, nem seqer se percebe (nem se defende de) pezes qe envenenem gente;

– MEXE-MEXE de Werner Krefeld, qe tem qe ter qem pretende qe sempre se engendrem vermes e bererês e seres qe deem *metch*, nem qe reneggem qe qer qe célebres leys de Mendel regrem;

– Etc… etc…

Em Rennes, 7 Frères Ferret St., vem servente de telex e enqere resedente:

– *Ms*. Thérèse Merelbeke?

– Qem me der… – entretém-se esse resedente. – É em frente.

Servente de telex vem e preme:

– Deeng-deng! Deeng-deng!

– Entre!

Servente vem ver Thérèse, estende-lhe telex e qepe, recebe cem deendeens e se despede.

Thérèse lê esse telex qe recebe e vem de revez rente de Kleber, qe enqere:

– Qe é qe é, bebê? Remetente é Ems, é? É telex qe prevê revés?

– É telex de Clément; Hélène qer me ver nesse CEP englês.

– É premente?

– Nesse *weekend*!

– *Merde*, bebê! – ressente-se Kleber, dependente e sedente de Thérèse.

– Nem se desespere! Pense em perrengge qe emerge, merge e nem se percebe: é esse de Hélène!

Thérèse pede qe, nesse entrementes, ele se empenhe e persevere nesses brevês lelés dele, qe nem esse reergge-qeebe qe fez, de qe Kleber se repende:

– Reter qeebe de pé nele, sem verter, é qe é perrengge!

Thérèse se veste sem premer, mexe e remexe pente nesse sedém de hester qe tem. Kleber, qe mexe em *ecler*, reflete e repete, seebeleenew, *strette* de Meyerbeer.

Thérèse, em 737 qe fende cels frenceses e engleses, bebe qe nem *the qeen* e lê *L'Express*:

Leste news: Brejnev em Persépeles desde este mês sete.
Messmer em bretes selentes.
Qe Revel revele: Cerce de Belém, perece El Che.
Mendès: Belhete de Celebes.

Servent-Schreber: vem me ver em 77!
Enqete Express: Qe Shell negge e nem negge, em Berre, freggeses despendem cheqes de cem em cem em qeresene!
Messeggé prescreve: Qer ter verve? Tem qe encher esse ventre de verde!
Mercx, se bem qe despenqe e qebre sete dentes entre Sens e Nevers, segge em frente!
Éden, Éden, Éden, *best-seller deste qente esteel?*
Este Meegeren de Denver é de Vermeer de Delft!

Hélène pede qe lhe levem té esse 737 qe vem de Rennes.

– *Next & left!* – frende celeremente esse servente de ggeechê.

Qe nem trem qe desembeste desfrene em estepes, desce esse 737 em Exeter. Descem dele seres prementes, sem qe Hélène detecte Thérèse entre eles.

– Hélène? – freme Thérèse, qe vê Hélène em frente de ggeechês.

– Thérèse, vem, dêxe qe te bêje!

E se espremem lenemente.

– Qe *belle* qe cê é!

– Cê qe é!

– Qe encrével esse bedém, é de pele de teegre, é? *The best!*

– É, pertences qe leggey de Mehmet. Qer qe te empreste?

– *Thenks!*

– E Clément?

– Estelle reteve ele. Bem, qer encher esse ventre?

– *Yes!*

Hélène elege qe merendem nesse cheeqe e excelente "Chez Berthe", célebre entre *self-meyde men* de Exeter. Berthe tem *chef* qe vem de cerce de Besse-en-Chendesse, qe serve René, cerce de Ternes, e qe tem em C.V. mestres qe nem Père Blenc, de Belley-en-Bresse, Frères Vernet, de Mende, Bébert Lévèqe, de Clèves etc.

Berthe vem e lhes precede entre beefês qe serventes revestem de rendendês e enchem de telheres de Sèvres. Qer qe se sentem em *teybles & chers* em qe vente e se refresqem.

Prestemente, Berthe pede qe se sentem, qe Thérèse lhe entregge bedém; e Hélène, esse qepe de *tweed* qe veste. Descreve-lhes veeveres qe servem presentemente:

BELESQETES

Neggets de pêxe
Creqete de cherne
Sterlet's eggs
Chetney de xerez
Perceves qentes
Bechemel Frères Vernet
Crepe de megret de Lendes
Xerelete em eskebeche

PÊ ÉFES

Pêxe-rey em creme de leyte
de Chez Berthes

Feelete em gengeebre e gergeleen
Chester tênder
Renessence de rês
de berbere

Pé de flete
Lebre de Vendée
Pedrês Chentecler Merette
Beefe de feelé
em herbes de Prevence

Wennerschnetzel

VEGGEE

Penne de espenefre
Keebe de sementes
Venegrete qempestre
Sheeteke, sheemeje, chenterelle
e ereenge de Cevennes

Bree de Bresse
Kemembert
Bretzel

DELEYTES

Sêrvete de frese
Peveede Belle-Hélène
Jelly de keewee
Merengge em neve

Creme de mel
Cheesekeyke
Crepes flembées
Sweet bejeen de Berthe

– Qe qe é esse *sweet bejeen de Berthe*? – Thérèse qer entender.

– É bejeen em creme mentês e *berrees* selvestres.

– Thelememente, desce três desse!

– E de beber: St-Estèphe? Gevrey? Pereqeet, é? Pereqeet é excelente...

Thérèse prefere e exeege St-Estèphe.

Bebem e se servem bem levemente, sem se encherem. E esse beefe de feelé qe pedem é repelente, fez qe se rebelem. Frendem e reqerem Berthe.

– Qe *merde*! Qe *sheet*! – desfere Hélène em frenglês.

– Tem detergente nesse trem, é? – recresce Thérèse.

Berthe se ressente e freme:

– *Chef!*

Ele vem, temente, tremente, té qe tremelêe:

– Qe ferrete... Sem precedente... *Never*... Reverter...

– Se qem frege treme, tem qe ser *chef* de frege, né! – entretém-se Thérèse.

Hélène e Thérèse, de pé, prêenchem cheqes e nem se despedem.

Entrementes, qem desce de Mercedes bem em frente de "Chez Berthe" e pretende encher ventre é Bérengère de Brémen-Brévent, qe, de repente, vê Thérèse, qe geme de prezer:

– Bérengère! Qe presente desses cels!

– Thérèse! Qe dez lhe rever!

E qe se bêjem cem vezes! E se espremem cem vezes e se pressentem e se enqerem. Bérengère qer entender esse *weekend* englês de Thérèse, qe expende qe vem rever Hélène e Estelle.

– E qem é Hélène? E Estelle?

– *Frends, best frends!* Vem, Hélène, bêje Bérengère! Bérengère e Hélène se premem lenemente.

– *Pleesed*…

– *Enchentée*…

– Bem, e é esse degênere desse Preste-Mestre qem lhe recebe, é, em Exeter Temple? – enqere Thérèse.

– É! E ele se sente prenhe de verve e pretende qe esses prestes dele se lebertem em qe qer qe desejem!

– Eh-eh, é de se prever qe se refestelem!

E Bérengère, Thérèse e Hélèene entretêm-se qe nem reses serelepes em verdes vertentes:

– Hereges e clereges!

– Qe eqeepe!

– Mêl Dêls, qe mexe-mete!

– Lhe petece, Thérèse? Cê, Hélène…?

– *Yes*, *yes*… té Estelle deve qerer…

Breve *repley* desses vergês precedentes:

Bérengère de Brémen-Brévent (B de BB, bem célebre, qe nem BB) tem em mente vender pertences, e qem tem qem se entremete e recepte esses bens é Serge Merelbeke, Preste-Mestre de Exeter, qe, degênere e endecente, sedente de *sex*, de mexe-mete, sempre pretende qe se desregre.

Hélène, qe qer esses berenggendéns de Bérengère, vem ver Clément e Estelle, qe tem *flet* em CEP englês. E qem é Clément? Cê é Clément. És Clément. És descendente de qem Estelle descende e, de vez em vez, és peggete de Hélène.

Telexmente, reqeres Thérèse Merelbeke (Merelbeke qe nem Serge; Thérèse tem genetreez qe descende de gêmel desse Preste-Mestre). Thérèse, qe teve Bérengère de mestre, vem ver Hélène; entendem-se bem.

Entrementes, sente-se qe, qe nem Hélène, Ernest e esses sete *teens* dele qerem esses pertences de Bérengère.

Em frente de "Chez Berthe", Bérengère e Thérèse se reveem. É qe nem prevê Hélène: Thérèse, de repente, lhe fez *frend* de Bérengère, qe qer Thérèse e Hélène nesse mexe-mete qe pretendem empreender em Exeter Temple.

Em tese, desde qe Hélène penetre qe nem pretendente desses prestes, nem PM nem PF nem QG bem em frente de Sé empecem-lhe de reter esses pendentes e pengentes de B de BB...

Entendeste? Deferes, né!

Nesse entrementes, segge em bretes esse meqetrefe desse Ernest. Se bem qe nem se espelhe em Fernendel, ele é bem rebelde...

Vêm, ele e esses sete *teens* greggeses dele, em "Bebert's", frege de Exeter em qe bebe qem é verme bem verme. Em frente, tem gente demente qe vede qe eles entrem. Ernest mete qecé nesses ventres deles e, sem ter qem lhes enfrente de revez, segge em eqeepe. Pede qe esses deleenqentes dele se sentem e: "Qe é qe cês qerem beber?". Gegê les Pervenches? Gegê les Pervenches prefere yce-tee. Jeff de Denver? Creme mentês. Dédé e Stephen (gêmels Bénédek)? Xerez. Peter Le Replet pede Heyneken, qe nem Bebel Ceketreez. E Ernest? E Lew-the-best-ess? Eles, se bem qe desejem *n* bebes, elegem schweppes.

Bebert lhes serve e bebem, sem qe expressem qe qer qe pensem.

Qem pretende qe se expressem, e celeremente, é Ernest:

– Esse trem é premente, gente!

– É, né, chefe – gemem esses sete *teens*.

– É, é... Cês qerem qe berre, é?

– Chefe, é qe… – defendem-se eles – é qe… em mês qente qe nem esse…

– Qente… Qe é qe cês têm? Cês qerem ver qe é qe é qente? – freme Ernest, qe qer *the beeg news*.

– *Bene, bene*, chefe! É, né, Sé de Exeter, tem qem cerqe, tem PM qe defende, né, nem tem qem entre!

– Nem tem qem entre? Nem tem qem entre? E esses belenggendéns de Bérengère?

– É, né, esses belenggendéns, né, é qe nem: qem qer qe entre, qe se dê bem; sem qe entre, qe se estrepe, qe se ferre, né!

Sem verve, se bem qe se desesperem, repetem sete vezes qe tem qem vede qe entrem, qe tem qem cerqe Sé, qe qem qer qe tente perece e qe, em vez desse brete, eles preferem *bretzel*!

Ernest efervesce:

– Qetem-se, seres dementes! Qe seres enerves!

Se bem qe se vexem, esses *teens* dele se retêm.

– Felezmente, cês têm chefe qe é endependente – recresce Ernest – e qe, de pedestre em frente "Chez Berthe", qe é qe vê? Bérengère, qe entrevê Thérèse e Hélène, e qe se entendem.

E esses *teens* de Ernest nem seqer veem enteresse nesse trem:

– ?!?

– Cês têm mente, mente qe pense? É Hélène!

– Hélène?

– Qe jegges! Hélène Mehler-Werfel!

– Hélène Mehler-Werfel! Qe flete!

– Qe lebre!

– Qe serpente!

– É, té qe cês entendem, né! – expende Ernest: – Hélène qer esses pertences de B de BB. Thérèse, qe descende de descendente de gêmel desse Preste-Mestre de Exeter, é *best frend* de Hélène. Thérèse se mete em Sé e Hélène lhe segge!

Sem perceber qe te embrenhes em retrete de "Bebert's", Ernest qe segrede entre esses *teens* dele e, sem qerer, te revele qe qer qe pense. Percebes qe ele té qe reflete e pressente bem, qe ele é qe nem Hegel entre esses vermes desses *teens*, qe, em treze e dezessete vezes em qe esteve em preseedel de Fresnes, Ernest deve ter..., teve de ler Berkeley, René le Senne e Herbert Spencer!

Ergges-te sem premer e vens em frente deles.

– Sérel? – entretém-se Ernest. – Xenhenhéns em mente, e qem emerge é esse ser!

– É, esses héterels, qe gente repelente! – defere *teen* dele.

– Se cês qerem ser *geys*, qe sejem, e me dêxem ser qe qer qe qêre ser – desferes, se bem qe nem te estresses, té qe te sentes.

Ernest vê qe nem qeres qe se pelejem, qe, se te me-teste entre eles sem temer, é qe pretendes qe cheggem em *entente*.

– *Entente* – expendes – de repente é verbete qe excede qe qer qe me vem em mente; se bem qe...

– Cê qer qe nenggém te enfrente, né.

– É, Hélène e Estelle entendem qe é de bem qe cês lhes sejem *frends* e estejem em eqeepe, sem se desentenderem.

– E qe é qe fez qe, de repente, cês desejem *entente*?

– Esses pertences de Bérengère…

Sentes qe Ernest se efervesce:

– Qe fel qe me vem se tem gente qe entrevém em *beeseness* qe me enteresse!

– Se cê qer, qe tente sem *entente*! Pegge esses *teens* qe cê tem e enfrente PM e PF em Exeter Temple! É de se prever qe cês se ferrem!

Percebes qe Ernest reflete e flete:

– *Bene*! Qe Bérengère e esse Preste-Mestre dêxem qe cês entrem, belê… E qe é desses *teens* qe me servem?

– Qe entrem secretemente.

– Secretemente…?

– Thérèse lhes mete em Sé sem qe lhes vejam.

Ernest reflete, em febre, sem entender bem, e, sem qerer qe mentes se rebentem, expele:

– Sem ver, qem é qe crê?

– Hem?…

– Cês pretendem me ter em eqeepe entre esses prestes de Exeter?

– É.

– E qe é qe cês creem merecer, qe é qe cês qerem desse *entente*?…

– Cê é demente, né… Berenggendéns…

– *Feeftee-feeftee?*

– Trentetrês, trentetrês, trentetrês – deverges: – Thérèse trentetrês, Hélène trentetrês…

– Qe me deem trentetrês… Tem gente qe reste sem receber…

– Gente qe recebe em prezeres, se é qe *sex* lhe petece…

Ernest, levemente descrente, qer ver qe qer qe pensem esses *teens* dele:

– Lew, qe é qe cê pressente?

Sentes qe é qe nem se Lew-the-best-ess te lesse, qe nem se, prenhe de deleyte, te vesse de pencenê. E te vês enerme de frente dele, qe nem bem-te-vê qe despenqe em brete de serpente.

Sem nem bem se mexer nem se exceder, Lew tece estes verbetes:

– Nem pense em crer nesse nhe-nhe-nhem dele... Ele se vende presses PM e PF!

Ernest entervém, qer ver se entendeste.

Deferes; e ele exeege qe repleeqes:

– Cê qer se defender, qer?

Percebes qe, se te entreteres em blefes, se te me-xeres, ferem-te! Sentes qe deves perecer em breve! Em mente te despedes desses seres de qem descen-des: *"Père, mère,*[4] *keesses, bye-bye"*. Qe te lembres de decênels precedentes qe veveste: emergem de Lete dentes de leyte de neném, sedém desgrenhe de qem cresce, refesteles e qereres em qe te estrées! E vestes de *heepee*! E *medeleynes* qe se embebem em *tweynne-engs* qe genetreez de genetreez te serve! E cem vezes em qe te enveredes entre verdes e flerescentes senes! Neves perenes qe se veem em Vendée, e qe se dege-lem e desvelem tez de qem entretém reses! E *Phèdre* e *Esther* e *Belle Hélène* em *meese-en-scènes* em Pleyel! E té Bébert de Flers! Qe te relembres de lycêl, de

---

[4] Genetreez; em tese, ser qe engendre neném em ventre qe lhe pertence. (N.T.)

greggês, de *belles-lettres*! *Merde*, teve tese qe nem seqer defendeste: Epêntese, eférese, metenélese e peréfrese em Terêncel e Scève!

– Hem, Clément, cê qer se defender? – repete Ernest.

Emerges desse *pleybeck*. Qe Dêls se revele clemente e te vele e te preserve de feens ferventes!

– Qe qer qe defeqe em verbetes, esse Lew nem me empende! – e referes qe serves de hermes de Hélène, qe tens dever de lhes expender esse *entente* e ver se qerem emprêender em eqeepe. – Qer cê pegge qer renegge, é trem qe nem me fede nem recende!

– *Hey*, chefe, qer qe me lhe enterre ele? – entrevém Gegê les Pervenches.

Percebes qe Berette e 37 emergem de vestes e estremeces.

– Espere, Gegê! – pede Ernest, qe reflete.

Ele qe pense e repense, veementemente, té qe mente de jegge qe nem dele se rebente. Sentes qe ele reseeste e segge descrente, se bem qe heseete. Qe encerres esse nhe-nhe-nhem!

– Sem qe se dê nem seqer se recebe; qe é qe cê perde? – expeles, qe nem se neglegentemente.

Nem qe Ernest pese e repese esses verbetes, qe tente ver se crê neles, se ele percebe brete neles, sentes qe Ernest nem seqer lhes entende bem. E esses *teens* dele, sem qe ele decrete qe qer qe seje, entende-se qe nem sc expressem.

– Qe é qe cê perde? – repetes de revez.

Lew, esse ser degenerescente, espreme herpes, mexe em dentes qe devem feder e, de vez em vez, é qe nem se lesses nesses *eyes* de serpente dele: "Cê perece em breve, neném, qer ver?". Bebel Ceketreez se despende em Derby, Free, Kent, e Peter Le Replet se enche de Heyneken.

É qe nem se esse entremez se estendesse e rendesse meses, semestres, té qe Ernest, esse mestre de mestres, sentencêe, semplesmente:

– Bem, deve-se crer em Hélène...

Stephen Benedek ergge-se e, rebelde, expede:

– É qe...

Ernest, sem qe seqer pense, frege:

– É qe... Cê qe se qete! Tem qem regre e tem qem segge; qem é rebelde, dessedente, tem qe se rever! Cê qe se rebele e... qer ver te prender em Necker?

Stephen Benedek, levemente temente, retém-se. Ernest ergge-se e prefere qe se encerre esse esbregge:

– *Bene.* Qem qer encher esse ventre? *Schnell*, gente, *schnell!*[5]

Esses *teens* dele erggem-se. Gegê les Pervenches qer retrete. Jeff de Denver pede qe lhe emprestem pente. Reqeres:

– Cê qer me rever, né?

– É, *yes* – Ernest *seys*.

– *Thees eeveneng?*

– *Yes*, entre sete e dez.

– Belê. *Where?*

Ernest reflete, se é qe reflete (sente se é ele qe tem cê-cê), té qe decrete:

---

[5] Celeremente. (N.T.)

– Em Needle Street.

– Em Needle Street?

É, esse Ernest té qe nem é demente; se ele elege Needle Street, é qe ele tem brete em mente.

– Se bem qe cês detestem Needle Street, né?

– E tem qem deteste Needle Street, é? Needle Street é excelente!

Segges em frente e nem te despedes.

Qem é *freek* em Exeter, qe freqente Needle Street! Cerce de Exeter Temple, entre Ethelbert Crescent e Temple Street, qe é qe se vê nesse cerne de qermesse em qe se embeste? Hermete eqestre de Werner Ebersweld, entre revérberes e ceprestes verdecentes, e, rente deles, plebe qe nem bem se retém de pé, qe se estende entre eles e, efemeremente, esqece-se de qe qer qe lhes desespere, qe nem qem recebesse em mente célebres "nereydes verdes" de Verleyne, gente dependente desses nepentes qe se vendem presentemente (beqe, bétele, éter, elessedê, *speed* etc.), seres qe sentem-se bem desde qe se envenenem e errem nesse tremente éden. Entre eles, veem-se pérsels, medêenses, tenentes qe se desestressem, nêerlendeses qe peggem Henê e desenhem em pele, qemeres, *blecks* de *bleyzers* sem precedentes, berlenenses de *jeens* qe se enfeytem de pendentes, gente de sedém desgrenhe qe chegge de Memel, de Denver, de vertentes de Esterel, de Tennessee Reever, pereggetes sem verve, beré-berés qe venerem e se espelhem em Beetles.

Recendem, fedem qe nem peste, esses éteres qe *deelers* sem dentes vendem. Qe nem lebrel qe se estresse sem lebre, vem gente de bens se meter em retrete em qe *experts* empreendem *beeseness* de beqes qe nem seqer devem ser terrestres.

Zés degenerescentes, crentes em zen, emberbes e de sedém de flete, expelem rés de reqe-reqes e pedem qe pedestres lhes deem *pence*. Tem gente qe pesqe bernes em pele; tem gente qe se despe rente de sebes e qe, leprente, dêxe qe germes se refresqem. Tem gente, *D-men*, qe vegete qe nem qem espere qe se lhe enterre. Gente de *bed treep* qe emerge de *keetchenettes* repelentes e qe resteje, sedente de nepentes qe restem. Seres prestes de perecer, qe têm tez de neve e pés qe tremem, e qe creem ver *spectres* e *sceptres* de De Qeencey e de Beldelere! E de Henry Meechewx!

Needle Street, é esse berel qe Ernest prefere e é nele qe pretende te rever. Emerges desse *hell* etérel e cenérel, célebre em versetes de Letes, sempre erébel, temeevel, terreevel. Segges em frente, de revez: Belvedere, New Helmstedt Street, *flet* de Estelle.

Estelle embebe *tweyneengs*; Hélène e Thérèse se vestem; sem qe seqer te sentes, expeles:

– Qem pede recebe!

Estelle te serve *tweyneengs* e qer qe te expleeqes bem:

– Esse brete me rende Ernest?

– Esse brete te rende Ernest e eqeepe!

De repente, de vestes, bem *belles*, Hélène e Thérèse emergem.

De frente desses três nenéns, expendes, em *repley*, qe esse trem nem se fez de refez; qe, sc bem qe Ernest, bem néscel, despenqe nesse brete, Lew-the-best-ess pressente qe é blefe e qer qe te enterrem; e qe Ernest reqer qe cês lhe vejem em Needle Street.

– Needle Street! – repete Thérèse. – Qe é qe esse meqetrefe tem em mente?

– De repente ele qer é beqe – entretém-se Estelle, qe desmentes: – Nem seqer tem gente qe deteste beqe qe nem ele!

– Vê se cês deferem… – desfere Hélène, qe crê entender bem qe é qe esse meqetrefe pretende. – É em Needle Street qe Werner Behrens é chefe!

– Qe verme!

– Em Exeter, esse é verme-mestre! Ele é ex-*feldwebel*,[6] venerente de Spengler e sente *spleen* de Bergen-Belsen!

– Ernest qer é ver cês temerem ele, se é qe tem qem teme esse Behrens…

Hélène, nesses verbetes precedentes, mente, fez-se de destemente. Percebes qe deves te entremeter:

– Qer ver ele perder? Qer qe pegge ele e lhe ejete? Qer me ver remeter ele presses SS qe lhe qerem bem?

– Nem tente, *pleese*! – fremem Estelle, Thérèse e Hélène, qe qerem qe te preserves.

– Bebês, vê se tem qem me fere, qem me enterre… Qem qer, qe tente e se estrepe!

E qe bêjes lenemente esses três nenéns; qe pegges esses revélveres qe te pertencem – esse 37 qe vem de qem te fez (e de qem pretendes merecer ser herel), 37 qe fez perecer seres deletérels, e esse Lewgger qe é presente de Peter Cheyney –; e qe detectes em Exeter esse trebelhente desse Behrens.

---

[6] Qe nem tenente. (N.T.)

Exeter é engente, e tem qe tem frege qe relé freqente! Em "Bebert's", vês qe nem tem freggês; segges em frente, em Needle Street, se bem qe sentes qe CEP de Behrens nem é cerce. Nem qe esse *beeseness* de Behrens se empreende em Needle Street – em qe vende nepentes, em qe gere *keetchenettes*, em qe recebe treze e dezessete *pence* de qem empreste sete dele, em qe esse *beeseness* rende bem e celeremente (sem perder em FGTS, ENSS, ECMS...) –, ele é desses qe, qe nem *gentlemen*, qe nem Reckfeller, qe nem *keengs* e preencepes, têm sede em *kestles*, em qe tem *bergères* Chesterfeeld, beefês de hester, *chèses* Régence, pertences desse neevel, bem cheeqes! Entende-se bem qe gente qe nem ele mecene qem escreve, qem verse, qem verseje, qem é regente e menestrel!

Segges sem leste e bebes Seltz de frege em frege, de enferneen em enferneen, e, nem qe entres e envesteegges em "Le Select", em "Ye three beer-blenders", em "Green's Messenger", "Derek's Reseedence", "Emblèmes de Delft", "Herbert's shelter", "The Essex", "Sept Hémeesphères", "The Frenchmen Letters" etc., nem qe te empenhes, nem seqer entrevês servente qe te dê de presente esse *feldwebel* qe persegges.

Enfeen, prestes qe te desesperes, revém em mente qe esse verme desse Behrens é freggês de meretreezes desse berel de qe Edmée d'Erme de Klebs é gerente!

Se é qe detestes gente, é gente qe nem Edmée, gente qe seqestre xenhenhéns, té bebês, e lhes leve presses *gentlemen* qe se servem desses nenéns e se desregrem! Esses *engels*, seres enermes qe nem reses, qe nem seqer têm em mente qe se peqe, esses *gentlemen* lhes pervertem e se excedem. Entende-se bem qe *pères* e *mères* desses bebês se rebelem, peggem esses *gentlemen* e lhes desventrem e lhes enterrem. Té tem PM qe prende esses vermes. Tem gente qe reqer qe Entendente envesteegge bem e revele cem desses degêneres; qerem qe eles penem sem mercê. E, nem qe, em tese, esse Entendente de Exeter referende qe qer qe plebe deseje, ele e esses *gentlemen* se entendem; ele é deles, desses qe gemem se se veem entre bebês de semestres recentes. Depreende-se qe esse Entendente refrêe enqetes de PM, reserve cheqes presses PM's e presses seres qe escrevem *the news*, qe se vendem. Nem qe Edmée perpetre esses creemes, sem ter qem lhe prende, é de se entender qe sempre persevere!

Celeremente, segges em frente, qeres rever esse berel de Edmée d'Erme de Klebs, qe é cerce de Elster Reever, de Kernell Street e hegelmente rente de Needle Street.

De frente desse prédel de Edmée, é de bem qe, sem qerer qe te vejem, te esqeeves de revérberes e penetres em vergêl de peveedes. Pressentes qe, se pretendes qe detectes esses zés qe persegges, nem seqer é em neevel térrel qe deves te reter, depende qe trepes nesse prédel e entres nesse neevel três, em qe vês ceeryls tremelentes, qe te empenhes e te enfenestres, sem nem bem ter em qe meter pés e te ergger nesse prédel.

– Bem, Clément – refletes –, tente...

E né qe exceles! Em neevel três, descretemente, entrevês qem persegges, esses célebres Ernest, Behrens, Gegê les Pervenches e Edmée, qe presentemente entretêm-se em *breedge*!

– Sete!

– É cheleme!!

– E vem treze!!!

– Qe *sqeeze*!!!!

– Nem esqente, qer ver qem desce *qeens*? – e tem Gegê qe pegge e seqencêe, dê *sqeeze* em Edmée e dêxe reger esse sete dele!

Vens bem selente e, de frente deles, sem qe eles se dessentem, serves-te desses 37 e Lewgger qe tens e desferes: beng! beng! beng! E qe enterrem Gegê, Behrens e Edmée!

Esse meqetrefre desse Ernest se ergge. Ele te teme, treme qe nem merengge. Vens bem cerce dele e sentes se tem qecé nele, em vestes, rente em pele. Percebes qe tem. Reqeres qe te lhe entregge, qe qecé dele é célebre, vem célere qe nem serpente e fende ventres; e nem tem prece qe preserve qem esse qecé fere!

– Qe é qe é? Qem é qe é? – expele embelemente Ernest.

– *Deer* Ernest, cê nem seqer me vê bem. Nem vê qem é este ser clemente? – te entreténs.

Esse *deer* Ernest segge bem tremente, em treme-treme qe té te enternece, se bem qe berres:

– Sente-se! – e lhe prendes bem, lhe ceenges de *seelver teype*, qe fez qe Ernest lembre Qefrén.

Reergges *chèses* em qe esteve Gegê, em qe esteve Behrens, em qe esteve Edmée, e treles:

– Qe me sente e me desestresse sem premer, né…

Eferes Kent, Free e Derby desse *jeens* qe vestes e vês se Ernest qer:

– Qe qe cê prefere?

Se bem qe Ernest nem se expresse, te estendes e metes Kent entre esses dentes dele. Ernest nem seqer se mexe, qe nem qem se perde em qe qer qe pense, qe nem gente demente. Entende-se qe lhe dêxes e penetres nesse berel; qeres ver esses bens e pertences de Edmée.

E qe berel! É de se crer qe Edmée d'Erme de Klebs descende de entes celestes! Qe cheeqe! Deve ter qem lhe enveje! Qe retretes, é de embevecer! E qe sweetes! E qe *leeveengs*! De esterrecer! É prenhe de redes, e rendendês e rengges e crepes! Tem *keeng syze* em qe dê qe leves sete e treze e dezessete peggetes e trepem de vez, sem qe se revezem! E qe *peynteengs*! Tem Vermeer de Delft, tem Klee, tem Ernst! E Escher, e Léger, e Getzler, e Debré e Estève (e té Vertès)! Esse trem de vender bebês rende bem, hem!

Segges té veres tel; Hélène qer qe sempre lhe entere de qe qer qe se dê.

– Belvedere Dez Sete Três?

– *Yes?*

– Hélène?

– *Yes.*

– É Clément. Vem me ver em Edmée e se desestresse, qe Edmée, presentemente, é ex-Edmée!

– É em Kernell Street?

– É, em Kernell Street.

Vens de revez cerce desse débel desse Ernest e vês qe ele se refez levemente desse pereqê de qe é refém.

– Cê é demente, Clément? Cê fez perecer qem me qer bem! Cê qer qe esse trem se degenere, é? Recentemente, em "Bebert's", preferee qe cê nem perecesse! Cê qer qe qem me defende te enfrente e te enterre, né!

– Nem vem se desentender, Ernest! Tem *entente* qe decrete qe cê deve e serve Hélène, qe nem esses *teens* qe te servem! Hélène lhes mete em Exeter Temple e cês qe se empenhem e peggem esses berenggendéns de B de BB!

Ernest defere e teces estes verbetes:

– Nem pense em blefe, Ernest! Se cê qer rever bem esses *Feldwebel* e meretreezes de qem cê é chefe, cê me dêxe, sem brete! Entre eqeepes tem qe ter *fer-pley*, hem!

É de se entender qe Ernest te xeengge; ele frende:

– Edmée tem Entendente qe lhe defende! Cê nem vê e, de repente, tem PM qe te prende e *teen* qe te enterre!

Qeres descer pé nesse meqetrefe; e desces! Ele perde dentes e se retém, sem qe expresse qe qer qe pense.

– Cê nem se embeste, Ernest, nem tente!

Embebes kleenex em ejé qe Ernest expele desses dentes dele. Ele nem te empece. Sentes qe tens de te enternecer e expendes qe te rependes de ver Gegê les Pervenches perecer:

— É gente de bem, ele... É qe, pense bem, se né ele qe se fere e perece, é ele qe, sem qe pense três vezes, desfere e me fere!

— Cê se fere e perece em breve — repete Ernest.

— Dêxe de treler se qer qe te seqe esses dentes! E lembre-se qe qem é chefe é este qe te fez refém! Se cê pretende qe esse chefe nem desventre esses *teens* qe te servem, cê pede qe eles se qetem!

— Este refém qe cê fez prefere ser refém qe ser esse chefete qe cê crê qe é, qe, se é qe é chefe, é bem brevemente!

— Nem pense em qerer me ver perecer!

Desprendes *seelver teypes* em qe prendeste Ernest. Ele nem se mexe. Metes em veste esses 37 e Lewgger de qe te serveeste.

— Vê-se qe cê me entende, Ernest! *Bene!* É *thees eveneeng!* Espere qe vésper centelhe e cê vem, e esses *teens* qe cê tem, e cês se metem em eqeepe entre Estelle, Thérèse, Hélène e esses prestes de Exeter, e, sem nem perceber, Bérengère perde pendentes e pengentes qe lhe pertencem. Cê qe se rebele e... cê vê perecer esses *geys* qe te qerem bem. Defere?

— Bem, qer qêre qer nem qêre, cê qe é chefe, né...

E percebes qe tem gente qe entre nesse vergel de Edmée. Preferes ver Estelle, Thérèse e Hélène nesse berel, em vez de qem serve Ernest; esses *geys* qe esperem e te refesteles deles sem premer...

Belles qe nem seres perenes de cels de esteel, qe nem Eves de Édens em qe serpentes lhes tentem, Estelle, Thérèse e Hélène, em *chemeeses* de crepe leves qe nem vels qe se erggem sempre qe vente e revelem ventres e pelves, vêm. Percebes qe Ernest se embevece:

— *Merde*, qe *sexy* esses xenhenhéns!

Vês qe Estelle e Thérèse se sentem bem qe Ernest lhes preze e encense. Hélène é qe despercebe Ernest; pende-se de frente de qem perece, reergge-se e repreende:

— Deyxem de flerte! *Beeseness ferst!*

Teces breve *repley* de qe é qe se fez recentemente.

— E qe é desses *teens* de Ernest? — enqere Hélène.

— Tem de ver eles em Needle Street.

Sem qe se destempere, sem *stress*, qe nem gerente, Hélène empreende reger qe é qe se segge:

— *Bene*. Clément, cê desce em Needle Street. Pegge e leve esses serventes de Ernest té Sé de Exeter, rente de sebes qe lhe cerqem. Belê?

— Belê.

— *Bene*. Entrementes, Estelle, Ernest, penetrem secretemente em Sé e, Ernest, cê se qete e espere, sem qe se dêxe ver. Ne qe qe Clément te pede, cê emerge. Cê deve me entender, né.

– Té neném de sete meses entende...

– Feche esse reqe-reqe! – sem ceder, Hélène empece qe Ernest se expresse.

Ele se entrestece.

– Estelle, entre em sweete qe se vê qe é de Preste-Mestre e me espere, e espere Thérèse, qe vem seqentemente rente dele.

E Ernest qer entender qe é desses *teens* dele, ele qer lhes rever.

– Espere qe Clément te leve eles...

– Tem brete nesse trem... – pressente Ernest.

– *Hey*, Ernest – expeles –, dêxe de *stress*!

– Preste-Mestre vem em breve! – recresce Hélène. – Empende ser célere, gente! Clément, remexe esse beefê e vê se tem bedém, rengge, vel; estende nesses flentes seres perecentes qe qer qe detecte nesse beefê...

Sé de Exeter efervescente, Preste-Mestre enqere:

– Em breve, né? Em breve, né? É *thees eveneeng* qe esse pene se empedernece! Qe é desses xenhenhéns qe vêm?

– Qer qe entrem, *Excellence*? – enqere Preste Spencer.

Preste Spencer, clerege entre Qermeleetedes de Pés em Pele e entre Pères Blencs, é qem esse emenente Preste-Mestre sempre tem cerce dele, é qem rege em vez dele se lhe é empendente reger.

– Nem se pene, Preste Spencer! Vem, me precede, vem ver se tem qe qer qe de repente se revele pendente nesses *leeveengs* e sweetes de Exeter Temple!

É qe Sé de Exeter é engente, tem sete *chepels* em neevel térrel. E é bem em leste, em *chepel* qe se refez presses feens, qe Preste-Mestre empreende mexe-mete e refesteles. Qem qer qe entre, vê-se em nértex qe é qe nem de sés greggeses e qe se reveste de hester e de bétel; se segge-se em frente, tem-se, de veés, excelentes retretes qe Preste-Mestre fez de grés. Desses retretes, seggem-se feletes férrels qe se estendem té qe se dê em sweetes qe, sem qe se fechem, têm em frente leves vels beges pendentes, sweetes em qe, seqentemente, de sweete em sweete, empreendem-se mexe-metes. Preste-Mestre, severemente, reqer qe esses prestes de Exeter se regrem nesses mexe-metes, se bem qe eles se revelem bem serelepes e, de vez em vez, preferem qe se desregrem; desde qe se rebelem e trensgressem qe qer qe se pretende deles, é de se entender qe se estrepem.

É de refez qe se sente bem em sweetes desse neevel, qe têm tepetes de cheneele e qerpetes de *velvet* e edredéns de *keshmere*; temberetes, *chèses*, *bergères* de pés em serpente, pewfes qe se revestem de tencel creme, de crepe verde, e té redes qe pendem de qeveletes em X, redes de qe se servem prestes qe, de vez em vez, preferem embevecer-se de ver, sem se mexer. Qe nem espéces de revérberes, engentes ceeryls resplendecem. Evedentemente, pede-se qe sempre se encensem esses sweetes; e tem preste qe crê qe, em vez de recenderem, fedem; é qe Preste-Mestre qer qe se lembrem desse recender de Sé neles, e nem vê qe se excede em reqerer qe serventes encensem esses sweetes sempeternemente.

De sweete em sweete, Preste-Mestre e Spencer veem se tem qe qer qe seje qe eles desprezem, té qe Preste-Mestre dê dez presses sweetes e decrete:

– *Very well!* Esse refestele premete ser excelente!

Preste Spencer defere e entercede; teme ser premente qe Preste-Mestre se reteere. Pede qe serventes lhe leempem, lhe seqem, lhe pentêem. Eles vêm, lhe despem e lhe vestem: *sleepers* de pele, *chemeese* de ceteen.

– Qer qe me empene de egrete? – enqere esse Preste-Mestre qe, sem se decedeer, veste, desveste e reveste egrete, té qe Preste Spencer lhe espelhe. Ele se reflete, se vê e se descreve:

– Eh-eh! Sete vezes dez esteels, e ele nem deperece, né! Qe esbeltez! Qe pelve! e esse ventre! Hem, Preste Spencer?

– *Yes, belle Excellence*, qem lhe vê se embevece!

E qe se encerrem esses enfeytes prévels; e qe, de revez, Preste Spencer leve esse Preste-Mestre té qem lhe espere. Eles descem.

Entrementes, hegelmente, em sweete bem cerce, Bérengère de Brémen-Brévent veste, desveste e reveste pertences, pengentes e pendentes, e, qe nem esse Preste-Mestre, qe lhe recebe, nem seqer se deceede:

– Eles? Sem eles?

Se bem qe nem lhe empende qe se enfeyte; rente desse bel e resplendente ser qe é Bérengère, é qe nem se berenggendéns fenecessem.

– É qe tem gente menestre entre esses prestes e xenhenhéns! Cê qer qe te peggem e levem esses belenggendéns, BB? – reflete Bérengère, e reflete sem qe erre.

Bérengère entende qe é de bem reter esses berenggendéns nesse sweete e lhes mete em escreenels férrels. Pretende qe lhes feche bem, qe lhes sele, qe lhes vede, hermeteqemente, e lhes encerre nesse beefê qe vê em frente, e qe lhe feche bem, qe nem. Se bem qe, nem bem fez qe qer qe pretendesse, qe é qe lhe vem em mente? "The Deseppeered Letter" de Edger Ellen P. E, de repente, qe nem qem é neglegente, prefere qe esses escreenels férrels se qedem entre trens sem enteresse. E, celeremente, desce rever esse Preste-Mestre de Exeter qe, presentemente, recebe Thérèse e Hélène:

— Qe deleyte lhes ver! Qe *belles*, qe nem seres celestes!

— *Excellence* — expede Thérèse —, me tens de servente de qe qer qe desejes!

— Enternecem-me esses verbetes qe teceste! — defere Preste-Mestre. — Vede, é Bérengère qem vem?

— *Yes, eet's me.*

— Bérengère, *deer* Bérengère, qe presente qe me deste! Este Preste-Mestre, qe se vê neste éden, deve-lhe cem mercês!

— De lhes perceber se entenderem lene e serenemente, é de se prever excelente refestele em breve! — pressente Preste Spencer, qe recresce: — Dêxem qe lhes celebre nestes versetes:

Eve de l'été belle et les Grecs en mer
Qe cherché-je en ces nefs et q'égrènent mes rêves
Hélène qe je révère en l'ébène pervers
Est le Léthé qe j'erre de femme en sèche grève

Vers qelle trève versé-je sèves en terre
Qe d'éternelles pentes épellent en lèvres lentes
Trente femmes blessèrent le blé de Déméter
Et le blé qe je sème dressé levé me tente

Le pré bée vert de celle (et le dé est jeté)
Qe pressent sept épées emmêlées de l'été
Q'Eve lésée en l'Eden qe le gel défend

Ne s'éveye d'emblée et me rejette rêche
Vermeye c'est le ventre vers leqel je tends
Qe se fêle l'été et ce rêve revêche.[7]

– Se penes, qe penejes versetes em "e" – entretém-se Preste-Mestre.

– Qe nenggém despreze eles, se bem qe degêneres – recresce Bérengère. – Qe receetem e exceetem e deem T!!!

Seqentemente, Preste-Mestre, Preste Spencer, Bérengère, Thérèse e Hélène qe penetrem em sweetes e despenqem em *bergères*.

– Preste Spencer – pede-lhe Preste-Mestre –, vê se esses prestes vêm prementemente!

Preste Spencer ergge-se e segge ver.

– Deve ter gente *teen* e bem enerve nesse refestele, né? – enqere Hélène.

– *Teen* fêmel? – expele Bérengère. – Nem me petece!

– Dêxe ser, *deer* B de BB – enterfere Preste-Mestre. – Tem gente qe prefere *geys* e tem, neste grege, prestes qe, de vez em vez, reqerem eles.

---

[7] *Eve qe embeleze este esteel em qe egêls remem/ Qe é qe qeres nesses pernés qe tens em mente/ Hélène qe em endecente hermete de hester veneres/ É esse Letêl em qe erres 'té qe te resseqes// Sem qerer qe ggerrêem verteste este ejé/ Qe sem qe cesse se expele e desce vertentes/ Seres neenfêls ferem pés qe em Deméter crescem/ E pés qe cresceste e qe em reste lhes tentem// Vês em xeqe esse verde vergel de fêmel ser/ Qe em esteel sete esteletes em fêxe fendem/ Eve qe se lese e nesse Éden qe neves defendem// Nem se desperte nem seqer te desterre/ Frese é esse ventre em qe qeres te estender/ Nem qe qe tens em mente neste esteel se encerre. (N.T.)*

– É qe tem *gey* qe...

– Sê qe qer qe qêre ser! Pense thelememente.

Bérengère cede, percebe qe tem de entender.

E, qe nem Preste Spencer, Hélène ergge-se e segge ver se tem eqeepe prestes de empreender.

Revém Hélène, qe te precede, e vens em frente de Estelle, Ernest e esses *teens* dele, qe nem cheyennes em renqe: Jeff de Denver, Peter le Replet, Bebel Ceketreez, gêmels Bénédek, sempre qe nem sêe-meses, e Lew-the-best-ess.

Hélène expende qem é qem, té qe entrem Preste Spencer e estes prestes qe Preste-Mestre expende qem é qem:

– Tencrêde de Stenbergen, mestre em flertes degêneres; Edme de Bénévent, qe desfere tebefes qe se lembrem meses em frente, qe dêxem peveedes bem frese! Kenneth Peebles, sedente de qem fede, de qem vente, de qem peyde bem deletérel; René Vernet, nem tem qem menêe lemes qe nem ele; Herbert Scheele prefere gente qe trebelhe; e Celse Delessert, *pets*; e Stephen Brewster é célebre entre esses engleses!

– *Well* – qer entender Bérengère –, qe é qe lhe fez célebre entre esses engleses?

– Bem, Stephen, dêxe verem – pede Preste-Mestre.

Stephen Brewster despe-se e vês, nesses beren-ggendéns qe pendem dele, qe ele descende de gente engente: Mêl Dêls! Deve ter té jegge qe lhe enveje! E pense, pense bem: ele fez qe desenhem nesse pernete dele, em Henê permenente, prêemenentes perfees fêmels engleses, pérsels e greggeses!

– *Let's seyve the Qeens!* – freme Thérèse, qe, embevecente de ver esse *freek*, flecte-se e preme esse pernete dele entre dentes.

Se bem qe, evedentemente, esse *entente* enseje qe em breve se encete esse mexe-mete, Preste-Mestre sente, presentemente, qe lhe vem *speech* em mente, ergge-se e tece estes verbetes:

– *Deer frends*, hereges e clereges! Nem qe de lhes entrever premerem-se, é de se prever qe excele este refestele! Qe se encensem sweetes, qe se versem xerez e geen! Qe flechetes se retesem e se enfrestem em qe qer qe se fende! Enfeen, qe se encete este refestele e qe Ele se deleyte nestes degêneres e enentelegeeveys prezeres!

Preste-Mestre fez esse *speech* e, sem qe seqer se sente de revez, vêm e se entretêm Estelle e Hélène:

– *Excellence*, és *very gentlemen*, e té veereel! – e qerem entreter Preste-Mestre: – Dêxe qe te bêje!

– Refestelem-se – fez ele e, sem qe lhes refrêe nem se refreye, bem genteelmente, Estelle repede:

– Dêxe qe te bêje e… qe te menêe esse leme!

– Refestele-se, Estelle – refez ele; e Estelle ergge esse engente *chemeese* dele, desce esse *sleep* qe ele veste (qe, evedentemente, é de greefe: "*Emeenence*", "*the best*") e, qe nem *expert*, espreme esse flébel leme dele.

– Sem premer! Espreme sem premer! – frende Preste-Mestre.

Vês esse leme dele, qe nem bem se retém eréctel, se bem qe Estelle tente e lhe encere bem; vês esse de jegge de Stephen Brewster, crescente sem qe cesse, qe Thérèse prende entre dentes; e vens, qe nem Bérengère, qe nem Preste Spencer e esses prestes qe lhe seggem, qe nem Ernest e esses *teens* dele, vens de vez e te metes nesse mete-mexe.

De frente de prestes qe se perdem, lelés, Bérengère, *the streepteese qeen*, desveste-se sem premer: qe se dessegredem em esbeltez, qe se revelem, *perfect*, pelve, rendengge e xenhenhém, em qe *n* e *n* penes penetrem.

De repente, Lew-the-best-ess, qe é *gey*, percebe qe té ele se enrejece de ver Bérengère em *streepteese*, e se ressente:

— *Merde*, presentemente tem pereggete qe me exceete, é?! Qe qecete!

Bebel Ceketreez vê qe ele se entrestece, despe-se hegelmente e se estende rente dele:

— Vem, neném, é, vem! É este peveede qe cê qer, nem é Bérengère. Mete.

Enternecem-se entre eles esses *teens* e, entrementes, Thérèse reergge-se e tem enfeyte de sêmen qe nem *leepsteeck*.

— Qe pernete é esse! Qe trêpé! Qe jegge! — expele Thérèse e, sem qe pense três vezes, desveste-se; estende-se, qe nem se prestes de ter neném, e freme presse Preste Spencer:

— *Hey, Reverend*, trepe!

Preste Spencer despe-se de qe qer qe veste; é premente qe se esteere em Thérèse.

76

– Qe dêdeen meendeen qe é esse qe cê tem! – desmerece-lhe Thérèse.

– Se bem qe seje qe nem de neném, ele nem se entenrece – defende-se Preste Spencer –, qer ver?

Thérèse defere e reqer qe ele lhe penetre e se empenhe e semêe.

Se é qe esse qeceteen de Spencer é bem deferente de beggetes de gente qe nem Stephen Brewster, Thérèse nem se desfez de revez dele:

– Gente! Qe qecete! Qe éden!

Nesse entrementes, Hélène despede-se de Estelle e Preste-Mestre e pretende prender-se em Ernest, qe, *gey* qe é, lhe empede:

– É qe tem qe ter pênes! Gente sem pênes é repelente!

– Gente sem pênes é repelente, é? Qer ver qe é qe te repele? – repreende-lhe Hélène, qe se preme ventre, té qe peyde bem em frente de Ernest, qe percebes qe sente T de ver qe Hélène peyde...

Ernest pede qe Peter le Replet chegge rente e, de pé, espremem Hélène entre eles.

– Qe breggete qe cê é! Se cê qer é pênes, recebe! Nheqe! – e Ernest fende-lhe em xenhenhém.

– Se bem qe, se cê me recebe de ré, é nheqe e nheqe, né! – entretém-se Peter le Replet, qe, se bem qe nem replete esse peveede de Hélène, lhe fez fremer qe nem rês qe se desventre.

E, crês se qeres crer: Hélène, em eqeepe de três, té pede bees, reqer esses *teens* de Ernest:

– *Hey, geys*, vêm! Me merendem, cês sete de vez!

Prestemente, vêm cerce de Hélène gêmels Bénédek, Bebel, Lew e Jeff de Denver.

Hélène exeege qe Jeff de Denver trepe em qe qer qe seje e qe ele se eleve, té qe dê qe lhe fele serenemente; qe Bebel e Lew se qedem lé e cré e qe dêxem qe lhes menêe esses lemes deles; e qe gêmels Bénédek se deytem e se deleytem nesses pés qe, *experts*, lhes dedeelhem!

Sem Preste Spencer, qem presentemente lhes vê e reqer qe prestes qe restem espelhem-se nesse *ménège en sept* e lhe peggem é Thérèse.

Entrementes, Bérengère vem, estende-se e, mer-cê de qe perneje destremente, prende-te. Desces, pelve em pelve, e de repente te envertes: Bérengère qe te pegge e bêje esse pene eréctel; e qe lhe pegges esses seyws endenes, qe desleezes dentes nesse ventre e qe lhe menetêes sedentemente.

– Bebê, cê tem mel e é mel qe me embebede!

– Bebe! Bebe! – pede, fervescente, Bérengère, qe se serve entre esses pendentes qe tens.

Flente é qe Estelle nem seqer se desprende desse Preste-Mestre… Qe persevere e sêmen se verse desse peenteen qe Estelle espreme sem qe cesse! É qe Preste-Mestre fez setentessete recentemente; entende-se qe, sem verve, sem sweengge, sem fé nesse pene dele, ele pene.

– *Deer* Estelle – ressente-se Preste-Mestre –, nem te desesperes! Nem qe menêes lemes prestemente, é de se temer qe este te pese, e remereces exceler! Tente Tencrêde, qe tem bel leme!

– Qe *gentlemen* qe és, *Excellence* – enternece-se Estelle –, nem pense em crer qe me peses! *Je t'ème, j'ème* qem tem decênels, e té centênel! Dêxe qe te desvende qe é qe serve de remédel.

— Qe me desvende remédel? — qer entender esse Preste-Mestre de Exeter.

— É, nem é qe te "desvende", qe tem vergês e vergês qe revelem esse remédel.

— E qe é qe é?

— Lê-se em vergês de feens renescentees — é resedente em Necker qe percebe em deperecentes e se lhes refere — qe qem se vê prestes de perecer tem pênes em reste. Se qeres qe esse pênes me espete, deves te pender!

— Pender, qe nem qem sentencêem perecer? E se perecer de vez?

— Nem tens qe temer, *Excellence*! É este neném qe te expende qem, se qereres, te pende e te despende! Entrementes, qe me rebentes, qe te reteses qe nem dêls greggês!

— Retese, é? Rêelmente?

— Sentes T e te sentes Tesêl!

— Se bem qe descrente nesse remédel, *deer* Estelle, este Preste-Mestre qer vencer, qer se pender e te ver gemer!

— *Yes!!* Se depender, *Excellence*, te pendes e, sem te repender, te rependes!

E, nem qe Estelle lhe rebêje lenemente esse pene senescente e encete de pender Preste-Mestre, nem qe se empenhe, Estelle freme e pede:

— *Hey, geys & gerls, help me, pleese!*

Xenhenhéns, prestes e *teens* despedem-se desses degêneres flertes qe empreendem lé e cré e, celeremente, vêm ver Estelle.

Estelle pede qe Preste Spencer detecte feel têxtel bem resestente e engente, e, entrementes, qe prestes qe restem peggem nesse vergel de Exeter Temple espeqe qe se eleve bem, de qe tem de pender esse feel têxtel em qe se deve prender e pender Preste-Mestre. Eles se expedem e excelem; revêm e entre-tecem esse feel têxtel té qe esteje bem resestente e pênsel em esteqe.

Preste-Mestre vê qe é qe se fez e treme, teme perecer se lhe penderem nesse feel qe desce desse esteqe qe nem se descesse desses cels de Dêls.

– Sem *stress*, *Excellence*, eleve-se neste temberete!

Preste-Mestre ergge-se em temberete, rente de Estelle, qe prende esse feel pênsel nele.

– Em dez, hem! – lhe prevém Estelle – Dez... sete... três... e...

Prestemente, Estelle mete pé nesse temberete em qe se ergge Preste-Mestre, qe, pênsel nesse feel qe lhe espreme esse peepeel dele, sente-se qe nem se deperecesse. E, gênese desse espremer, ele devém venérel; esse pene enerte dele se enche, e cresce, e recresce, e excresce.

Sem qe espere nem se desespere, Estelle, qe se empenhe e trepe nesse Preste-Mestre, e qe, en-trementes, Preste Spencer rebente esse feel qe lhe prende. Estelle se entece em Preste-Mestre e, ren-dengge em rendengge, freme; desse bel feelete de *feelet* dele, preenche-se:

– Mete, *feel me*! *Feel me* qe nem em feelme X!

E eles qe se bêjem, qe se deem *french keesses* e qe Serge, esse Preste-Mestre de pênes renescente, espete Estelle, qe nem Tesêl em seetyls tebenses e qe nem, em seetyls lérnels e nemêls, Herékles, de qem descende Télephe.

Gentes qe restem qe lhes cerqem e dêxem-se embevecer em frente desse, nem qe pereceevel, ve-emente espeteen de gente.

– Qe flete!

– Qe verve, qe prestez!!

– Nem sempre se vê peelpeel desse em qem é senescente!!!

E esses qe se embevecem sentem-se sedentes.

– Qem qer de beber? Deve ter beberete qe refresqe!

– É, sem beberes, tem qem se reseqe! – deferem Thérèse e Bérengère.

Spencer qe lhes leve té esse freezer qe se tem em Sé de Exeter.

– Qe *cheek*, freezer! Qe é qe tem nele?

– Tem Schweppes.

– Desce enchentes de Schweppes!

E tem qem pense qe té é endencente Thérèse e Bérengère beberem qe nem bebem esses Schweppes.

Xenhenhéns, prestes e *teens* bebem, e, nesse entremez, Ernest vem, pretende qe te expresses *beesenessmente*:

– Qe me deez, Clément, e esse *beeseness*?

– *Beeseness*? Qe *beeseness*?

– Esses pertences de B de BB, *merde*!

– *Relex*, Ernest, é Hélène qe é chefe, é Hélène qem gere! Espere té qe Hélène te berre e esse trem se encete, sem perrengge!

– É premente, Clément, e, presentemente, qe eles bebem e nem me percebem, é excelente! Dêxe qe detecte esses belenggendéns, pegge eles e fez-se!

– Nem vem se desentender, Ernest! Se Bérengère vem sem berenggendéns, é qe, evedentemente, tem sweete em qe lhes feche, sele e vede, hermeteqemente! Dêxe qe Hélène regre qe qer qe se deve empreender!

Se bem qe nem referende qe qer qe reqereste, Ernest retém-se e revém cerce desses *teens* dele. E, nem qe qêres ver Hélène e lhe expender qe é qe Ernest pretende, percebes qe Hélène, bem de leve, expertemente, mexe nesse xenhenhém qe lhe pertence e qe, rente desse peyteen frese qe tem, Spencer e Tencrêde mexem nesses penes deles. Preferes nem te entremeteres e esqeces Ernest; ele qe espere, qe esse mexe-mete referve e gentes gemem de revez.

Tem prestes qe, sem resesteerem, dêxem qe *teens* lhes peggem. Gêmels Bénédek, Edme de Bénévent, Stephen Brewster de pernete de jegge, Lew, Peter, Jeff, Ernest, Kenneth, René, Herbert, Celse e Bebel estendem-se e entendem-se. Tem qem bêje, qem fele, qem trebelhe. Tem cem flertes qe, de vez em vez, nem tentes descrever.

Tem Kenneth, qe verte Bebel Ceketreez de ré e everte esse peveede dele; Herbert, qe se flecte e fele Peter, qe tem Dédé Bénédek qe, entrementes, lhe penetre; Stephen Brewster, qe engere sêmen de Celse e segge cm frente, té qe menêe, em febre, leme de Ernest, esse peste.

– Qe dez esses clereges! – expele Lew; e ele qe penetre Edme de Bénévent, sem qe cesse de premer

entre dentes René e esse pene dele, endependente-
mente de Jeff e Stephen Bénédek, qe revertem-se
em *yeen-yeng* e pervertem-se em *greek keesses*.

Entrementes, qe se encerre esse heemenêl entre
Preste-Mestre Serge e Estelle, qe, nem qe nem seje
refece, tende em refecer. Se bem qe presentemente esse Preste-Mestre persevere, sente-se qe ele se
excede, vê-se em xeqe esse bel entretecer! Serge,
tez de neve, estremece, e esse treme-treme se repete
sete, dez vezes, pressente-se-lhe prestes de perecer, se
bem qe, sem qe derrêe, nem qe deperecente, ele se
desembeste de revez.

– Vem, *Excellence*, sem qe tremelêes – remete
Estelle –, dêxe de te reter, verte-me esse sêmen!

E Estelle mete-lhe dentes em pele e lhe fere.
Verte-se ejé veementemente, enchente qe fez qe
Preste-Mestre Serge se desfreche de vez e qe, de
repente, ele reqebre celeremente pelve e rendengge,
em ceneses qe lembrem treme-tremes terrestres!
Trens qe se remessem desfrenes e se rebentem, neves
perenes qe se degelem e enterrem Megève, Pelée qe
se encendêe e despeje, Evereste qe se fende! Preste-
Mestre efervesce e expele:

– Qe expeere! Qe expeere!

– *Yes*, qe espeerre – geme Estelle, tremelente,
em febre.

Estelle espreme freneteqemente Serge e se enternece, té qe lhe bêje cem vezes.

Flente é qe gente qe nem ele, se se excede, deperece celeremente; ele perde pé, té qe despenqe. Se
bem qe Estelle se desespere e, prestemente, tente lhe

rêergger, Preste-Mestre segge enclenqe e tremente; ele expele enchentes de ejé e frende, qe nem bebê qe berre bem levemente. Vês qe, nem qe se empenhe em embeber kleenex e qe seqe esse ejé qe se verte entre dentes de Serge, Estelle deve perder; sentes qe Estelle se vê em xeqe e vens.

– *Help me*, Clément, qe é qe se tem de empreender? Preste-Mestre perece, é?

– Cê se desestresse, Estelle – expendes –, qem se despende, qe nem ele fez, cede. É de bem qe ele se deyte, espere e, de repente, ele se rêergge qe nem gente de três decênels!

Serves-te desses beeceps e treeceps qe tens e, qe nem qem leve e emberce neném, lhe estendes lenemente.

Qem vê qe tem perrengge e teme qe Serge se regele e pede qe peggem e entreggem-lhe edredéns de *keshmere* é Spencer, fyel servente de Preste-Mestre, se bem qe ele nem seqer cesse de mexer nesse pene dele, rente desse peyteen de Hélène.

Deferes e estendes em Serge edredéns de *keshmere*.

Seqentemente, vês qe Estelle sente qe te deve esse *help* qe lhe deste e qe qer esqecer qe descende de qem descendes:

– Deyte-se, *frère*,[8] e deyxe qe te fele e te menêe esse leme, bem de leve – e te rendes, te estendes.

Expert qe é Estelle, recresces prestemente. De pene em reste, qe nem esteqe em qe Estelle se sente eqestremente, percebes qe Bérengère e Thérèse

---

[8] Em tese, qem descende de ventre de qe descendes. (N.T.)

veem-te e, referventes, sem qe cessem de se espremer ternemente, vêm.

Thérèse, bem fléxel, flete-se, pede-te menete e pede qe Estelle lhe dê *french keesses*; Bérengère entremete-se e, de pé, entre Thérèse e Estelle, pede qe lhe bê-jem frente e ré de rendengge. Esses três xenhenhéns entretêm-se qe nem reses enfrenes em estepes, té qe, bem célere, qebres e reqebres pelve, em treme-treme qe fez qe despeqem lé e cré. Qeres e qerem remeter, deferentemente: qe chêres esse peveede de Estelle, penetres esse rendengge efervescente de Thérèse e, entrementes, qe Bérengère bêje-te belenggendéns.

– Gente! Dêxem qe enceste! – reqer Estelle. – Qe nem Ven Deek de revez, qe Thérèse me dêxe beber desse mel de qem descende de qem me fez!

Crês qe Thérèse rejête esse qerer de Estelle.

– Qe é qe cê qer, Clément? – enqere Thérèse.

– Se bem qe me tente fender esse éden de xe-nhenhém de Estelle, cês me veem prestes de verter sêmen! Se é vez de Thérèse, qe Estelle espere, e veengge-se bem em breve!

Estelle ressente-se e repreende-te, se bem qe, enfeen, referende esses verbetes qe teceste.

Desse *entente*, qe perseveres em Thérèse e lhe semêes. Entrementes, sem qe cesse de te reter esses belenggendéns entre dentes, Bérengère te ensere três *feengers*. Sentes qe enches qe nem *zeppeleen* e, em frenesee, preenches esse xenhenhém de Thérèse, sem te esqeceres desse menete de mel em Estelle. De repente, é Thérèse tremer bem pelve e rendengge, qe eferes sêmen dementemente.

– *Néhédeen Rebbeq!*[9] – Thérèse (deve ser qe se lembre de mexe-metes berberes) geme de T. – Gente, qe Letes esse leyte!

É qe nem se esse ejé qe te preenche fervesse, qe nem se qe qer qe penses se fendesse e derretesse, qe nem se perdesses prestez e verve! E, p.q.p., é dez esse trem qe sentes, se bem qe é qe nem se perecesses!

Emerges de Thérèse e entendes, qe nem esses prestes e *teens* entre qem te estendes, qe é de bem qe te re-refresqes e se re-refresqem, de revez. Preste-Mestre Serge nem seqer se mexe. Hélène, se qer qe lhe seqem esse ventre em qe teve enchente de sêmen, tem de ter qem lhe esfregge bem!

Sentes é qe, presentemente, Tencrêde ressente-se; ele se expende:

– É-me bem evedente qe este mexe-mete é *steel* sem *style*, e *style* é ser! Nem qe seje leevremente qe seres se desedeepefeeqem, este mexe-mete é degenerescente se nem tem qem lhe esteleeze! Tem qem trepe e qem dêxe qe lhe estrepem, tem qem se menêe e qem dêxe qe lhe menetêem, sem ter qem regre, sem ter qem pense! Qe nem seres sem epesteme! Sem qe se lhe esteteeze, sem *screept*, é bem flente este mexe-mete!

– Descrede em Tencrêde – entretém-se Preste Spencer –, sede, de revez, qe qer qe éreys! *Let's be*

---

[9] Mexeeme Dekewt crê qe desfreche estes verbetes qem xeengge em berbere qe nem Perec escreve nestes vergês, prenhes de E. (N.T.)

free! Tencrêde, dêxe qe trepem leevremente! Dêxe de se perverter em bretes enentelegeeveys! Dêxe qe se lenhem sem *stress*!

Tencrêde endefere qe qer qe reqer Spencer e, qentemente, remete:

– Sem *stress*, sem estresse! Nem seqer entendes esse verbete! Este ser qe te repreende qer qe se engendre! Qer qe, de flertes, engendre-se qe qer qe Klee fez de pencéys, qe Scève fez de versetes, qe Webern fez de sérees! Qer ver, perenes, efeméredes qe perecem! E vens, Spencer, e me pedes qe nem seqer me estresse; deves ser demente!

Em frente desse veemente *speech*, teve gente qe se fez de endeferente, de deferente e de desdeferente.

– É, Tencrêde reflete bem – defere Edme de Bénévent.

– Nem seqer tem qem negge qe Tencrêde pense sem qe erre – repete Lew-the-best-ess.

– Qe beqe é esse? Qe *bed treep*! Qe *trevel* em meyenese! – desfere Stephen Brewster. – Este qe descrê em Tencrêde crê qe qem mete engendre *per se*, qe meter engendre! E crê qe esses *screepts* revelem flertes de seres reles qe se degenerem e desregrem!

– É, se bem qe deve ser dez qe se esteteeze mexemete, qe ele seje restrengente, né? E é Tencrêde qem deve reger esse excelente *screept*! – defende Bérengère.

– *Never!* – freme Thérèse. – Dêxe ser, dêxe meter!

Esse pereqê recresce, té qe Preste-Mestre desperte. Preste Spencer lhe pede:

– *Excellence*, tente desentenebrecer esse refregge, decrete qe é qe se deve empreender.

– Pensem bem, depreende-se qe – destece Preste-Mestre Serge –, se é qe se deve ler *metch* em "mexe-mete", qe nem em *metch* de tênes, é excelente ter qem regre esse *metch*!

Qe exegese trenscendente! Fez qe entrem em *entente* rebeldes e defendentes de Tencrêde.

– *Well, let's see* – cede Thérèse –, qe Tencrêde tente e engendre e se dê bem. Qe ele regre entelegentemente esse *screept*.

E Tencrêde vê-se regente:

– Vêm, cerqem-me, cês têm de me entender bem e empreender qe qer qe lhes decrete!

– *Yes*, mestre – defere Hélène –, qe qer qe desejes.

– Cê qe é chefe – expede Ernest –, e esses *teens* qe me seggem te servem.

– *Denke*[10] – rende mercês Tencrêde, qe pretende merecer qe lhe prestem fé.

Eles vêm cerce de Tencrêde e, se bem qe frendentes, qerem ver qe é qe ele tem em mente.

– Qe esse escrete se encete e se centre neste emenente Preste-Mestre de Exeter. Qe Serge deyte-se e qe Bérengère, *très belle*, envergge-se e lhe fele ternemente, sem esqecer-se de ergger bem pelve e rendengge, qe tem Clément qe lhe terebre peveede. Entrementes, qe esses gêmels Bénédck, de pé, peggem-se lenemente, qe nem sêemeses helenenses, e se dedem e, lé e cré de

---

[10] Em englês, é *thenks* e, em frencês, *mercee*. (N.T.)

Serge, esfreggem pés nesse ventre dele, pés qe Serge, de vez em vez, deve premer entre dentes, qe nem Clément, se bem qe Clément tem de prender entre dentes é esses penes desses gêmels, e de vez. Sem qe se descentrem, Kenneth Peebles deve estender-se entre esses pernetes de Clément e Bérengère; e qe ele se eleve e, leve e mestremente, menetêe e mele bem esse xenhenhém de Bérengère! Qe Bebel Ceketreez embrenhe-se e, eqestre, sente-se e trebelhe em Kenneth; e qe Bebel bêje, dê *greek keesses* nesse peveede resplendente de Thérèse e dede Stephen Brewster, qe, neste entrementes, tem de meter em Hélène, relesmente, de frente. Qe Bebel persevere nesse emprêender e, sem qe cesse, *expert*, *gentle* e pedestremente, pese nesse pene de preste de Spencer, qe deve beber desse xenhenhém de Hélène, qe tem de receber de ré Herbert e, sem se perder, perder esses xendengges *feengers* qe tem em Celse, esse Celse qe, entrementes, menêe, lé e cré, lemes destes qe descendem de qem ele descende, Edme e René, sem esqecer qe Celse e Ernest devem espremer bem rente entre eles, qe nem *sendweech*, Estelle, qe tem de receber, de ré, Celse e, de frente, Ernest. Qe Lew-the-best-ess derrengge-se e dêxe lhe preencherem, entre dentes, esses "bene pendentes" de Ernest, e qe Peter se empene e fele Lew, este qe dêxe qe lhe penetre Jeff, qe, qe nem, se me entregge de ré! E qe se encerre esse *screept*!

— *Screept* qe se encene efemeremente, né? — teme Bérengère.

— É — defere Tencrêde, serenemente —, qe nem céleres pernés egêls qe entempéres nem seqer estremecem.

Sem premer, eles se entretecem. Qe nem Welles, Tencrêde devém *mettèr-en-scène*; sempre em frente, sem qe tremelêe, ele rege esse entretecer, qe nem é de refez: tem *teens* qe nem se lembrem de qe qer qe Tencrêde teve em mente e qe errem sem leste qe nem ébrel Meeggel de Cerventes.

— Qe peste, hem, qe gente demente! — desfere Tencrêde e vem rente deles.

Nem qe se expresse bem, Tencrêde tem de mexer neles qe nem em teeteres. Sentes esses *teens* bem desplecentes e neglegentes nesse *screept*, temes qe eles enredem entre eles. *Merde*, devem ter brete em mente! Sem qe desveneres esse entêl peveede de Bérengère qe te espreme pene em freneseo, empende qe detectes Hélène e Thérèse, se bem qe esse refestele te lhe empece.

Desse entremez, esse engente trem de Tencrêde qe engrene, qe clereges e hereges penetrem-se, bêjem-se e merendem-se e eqeleebrem-se em cem degêneres flertes. E vê-se qe gemem, qe se remexem e expelem sêmen enchentemente, excelentemente. Flente é qe penes, qe nem se envelhecesses. Sentes LER em pés, pelve e rendengge.

— *Merde!* — freme Bébel Ceketreez. — E se tem gente qe espeerre?

— Qe espeerre, Bebel, sem se mexer! — reqer, premente, Tencrêde.

Nem qe decrete qe Bebel deve se reter, Tencrêde nem seqer empece qe ele espeerre e emperre esse bel entecer! Bebel fez qe se deseqeleebre Celse, qe fez qe se deseqeleebrem, de vez, Edme e René, qe, seqentemente, vertem Estelle!

Qe nem belvedere qe, degenerescente e senescente, despenqe, qe nem D-C-7 em qe *tenks* desfrechem e lhe rebentem, qe nem qembembes qe, em treme-tremes terrestres, desleezem, de repente, esse engente trem de gente fendêl-se, desprendêl-se e desfez-se. Entende-se qe Tencrêde se qêxe:

– É, trem engente qe nem esse sempre se vê em xeqe; qem qer qe espeerre, nem qe de leve, everte ele!

Serenemente, Bérengère entretém-se qe nem Gégène, e nem mede verbetes:

– Preste qe reste e preste, vem e se me empreste!

Nesse entremez, segges sem ver Hélène e Thérèse, té qe lhes detectes e lhes rentêes:

– Hélène, presentemente, esse peste desse Ernest tem brete em mente; cê tem fé nele?

– Neres de neres, qem é qe crê em qem mente qe nem ele?

– E esses berenggendéns, cê qer qe tente e lhes pegge? Qer qe espere?

– Espere, dêxe qe esses clereges peggem esses dementes em breve...

– Esses clereges, eles qe se ferrem!

– É qe tem PM e PF entre eles!

– PM e PF, cê crê, é?

– Tem qem chêre PM e PF neles, qem tem esses genes mêls.

– *Well*, é dez ter PM e PF entre eles! – deferes. – Se esse peste desse Ernest qer pertences de Bérengère, qe tente; eles lhe prendem e, enfeen, cê qe se dê bem!

– Qe eles deem feen nesses *teens*! Excelente! – redeferem Hélène e Thérèse.

Leevres, sem qe se estressem em degêneres, rebeldes e deletérels flertes qe Ernest e esses *teens* dele sempre pretendem empreender, Hélène e Thérèse, de revez prenhes de verve e fresqez, sem qe pensem três vezes, vêm entreter-te; entre dentes, Hélène detém pene; e Thérèse, pendentes qe te pertencem. Vem Estelle e pede qe respeytes verbetes qe teceste recentemente: qe peqem, qe trepem, qe encestem. Cedes; metem. Entrementes, Thérèse e Hélène veem Kenneth e Herbert e metem-se entre eles.

Sentes qe é de bem qe encestes em Estelle, qe lhe penetres e te lembres desse verdecente éden em qe cresceste, cerce de Estelle, desde bebê: Estelle tem sete esteels e entretece feels desse resplendente sedém qe sempre teve; em qente tremês, despe-se, merge e, sem premer, empreende *medleys* nesse *leyke* rente de qe te estendes. Estelle emerge, vem rente e estende-se! Qe nem nenéns de sete esteels, seres menenees qe se entendem e se enternecem, cês se pervertem sem temer; qe se bêjem, qe se festejem em tenrez e esbeltez, qe experementes esse peveede qe, nem qe bem verde, de sete esteels, mexe-se expertemente!

Esses éteres qe recendem de decênels qe desqeres qe se delem preenchem-te e, entrementes, Estelle, febrelmente, mexe e remexe pelve, mete-te *feengers* em peveede e pede qe lhe bêjes. Deferes, sem te esqeceres de, veementemente, entreter-te nesse celeste cê-cê de Estelle e nesse peyteen frese qe é qe nem estrepes qe te espetem. De repente, qe nem Tenente Eblé, qe ggerrêe té qe cesse e se entregge, te despendes e, em frenesee, expeles sêmen; és Zembeze Reever em enchentes!

– Gente – freme Estelle –, cê qer qe esse sêmen me desventre, é?

Estelle desprende-se desse pene efervescente, flecte-se e engere esse sêmen qe expeles em céleres ceneses de pelve qe se repetem.

Sem qe seqer dêxem qe te refresqes, percebes qe clereges se efervescem; entre eles, Preste Spencer, qe enqere:

– *Excellence! Excellence!* Tens qe reger preces em breve, né?

– É, nem me lembre... – ressente-se Serge, Preste-Mestre de Exeter.

Ele ergge-se e esses prestes dele lhe seggem.

– Presentemente, qe prestes e crentes se secrementem em Bérengère de Brémén-Brévent – expende Serge.

B de BB estende-se em frente dele, ergge bem ventre, pelve e rendengge, qe Serge retém em reste.

Serge benze esse xenhenhém de Bérengère e, sem premer, verte nele ejé celeste de qem descende de Dêls e qe, em renqe, esses prestes presentes vêm beber.

Entrementes, Serge tece sete preces em séree, prestemente, qe nem em vésperes, preces qe nem seqer se leem em *Gêneses* nem em *Hebrêls*, se bem qe preces qe embevecem e se percebem qe nem de qem tercete:

"Dêls mêl qe se vê nesses cels, recebe estes versetes de fé! Qe te encensem e te penetrem presentemente, qe te deleyte este Refestele excelente! Qe preces celestes qe te rezem te vessem, qe seres de éter sempre te semêem e ressemêem, qe presentes se deem qe nem em presepes de Belém, e qe dêxem qe sempre entres nesse vergel qe é de Éden!"

— Emém! — fremem prestes.

Bérengère, qe excele em esbeltez, flecte-se e bebe, em rendengge qe lhe pertence, qe qer qe nele reste de ejé celeste.

— BB prefere sêmen — B de BB se lhe refere —, se bem qe esse ejé de rês de Dêls é excelente!

Seqentemente, vês prestes qe cerqem recepyentes de henê e verneez, em qe embebem esses *esses & penes* deles, qe pedem qe *teens* bêjem.

Ernest ergge-se e endefere:

— Cês se excedem, é repelente esse trem.

— Depende, chefe — entercede Jeff de Denver —, tem qem deseje, qe bêje de bem qerer esses clereges!

— Nem me enfrente, Jeff, nem tente — repreende-lhe Ernest.

Sentes qe Ernest referve e qer qe esses *teens*, qe nem ele, rebelem-se de vez.

— Qe se ferre esse mexe-mete, belê! — recresce Ernest. — *Beeseness ferst!* Me vê esses breceletes e belenggendéns de Bérengère, e prestemente!

Evedentemente, entre esses prestes e Bérengère e Serge, tem qem meeje de reer de Ernest, té qe, de repente, celeremente, qe nem se crescesse dele, emerge Berette em reste e ele expede:

— Lew, pegge esse 37 qe cê tem e, *teens*, cerqem esses dementes! Qe nenggém entre nem desentre!

Nem qe sem premer, Lew-the-best-ess e esses *teens* vestem-se e exercem qe qer qe Ernest lhes pede.

Refesteles qe se encerrem entre hereges, clereges e qem qer qe és. Percebes Serge temente, Spencer tremente e prestes tremelentes. Pênes pendem flentemente. Xenhenhéns veem-se descrentes. Sentes *stress*, se bem qe tentes lhe vencer. Qeres crer qe PM e PF entrevêm em breve. Neste entremez presente, qem é chefe é Ernest, e nem seqer pressentes qe detectes 37 qe lhe enfrente.

Veemente, Preste-Mestre Serge tece estes verbetes:

— Entrestece-me este brete qe teceste, Ernest.

— Chhh! Qer qe Berette berre, é, *Excellence*? — freme Ernest.

Serge, selente, estremece, qe nem qem gele e regele. Preste Spencer é qem lhe defende:

— Dêxe qe pegge *keshmere* e preserve Preste-Mestre desse treme-treme dele!

— Se cê se mexer, cê perece! — recresce Ernest.

Bérengère é qe sentes qe desteme, qe té enterfere qe nem qem se deleyte nesse brete:

— Qe verde qe cê é, Ernest, qe nem neném qe nem seqer se percebe gente! É evedente qe cê perece em breve, e cê nem percebe!

— Cesse de lhe efervescer, Bérengère — pede Serge —, ele é enclemente!

— Enclemente é mêl peveede! — remete Bérengère. — Ernest é é desentelegente; se ele crê qe leve esses pendentes qe me pertencem, qe tente e se estrepe!

Ernest despercebe esses verbetes e segge sem qe respeyte nenggém:

– Cê se crê, né, Bérengère – entretém-se Ernest. – Se cê é entelegente qe nem cê crê, me dê esses bens qe cê tem! Se cê prefere perecer, cê qe elege!

– Qe bebê qe cê é – repete Bérengère –, cê reflete qe nem neném, se é qe reflete!

– Qe *stress* esse xenhenhém – entercede Lew.

– Qe se expresse sem temer – cede Ernest –, desde qe me dê esses bens qe tem!

– Se cê qer, pegge!

– Pegge, é?

– É, entre em sweete em qe me recebem e pegge – empele, destemente, Bérengère.

Sentes Ernest qe nem gente qe enrede.

– Bénédeks! Levem Bérengère em sweete e nem pensem em me rever sem esses belenggendéns qe lhe pertencem!

Gêmels Bénédek retêm Bérengère e seggem em frente.

Teeqe-teqe, teeqe-teqe, e esse teeqe-teqe estende-se. Tem prestes qe pestenejem entre eles. Tem qem, qe nem Hélène, Thérèse e Estelle, qede-se serenemente e qem, qe nem Serge, refresqe-se e esfregge dentes. E tem qem, qe nem Ernest e esses *teens* dele, se estresse e espere rever em breve Bérengère e esses Bénédeks.

– Qe é desses pestes desses gêmels? – frende entre dentes Ernest.

Refletes. Evedentemente. Persentes qe Bérengère se desfez desses Bénédeks. Entre qem qer qe reste, tem Jeff, Peter, Bebel, Lew e Ernest. E eles tem Berette, né; vencer Berette é qe é perrengge! Sem Berette, eles perdem em nem seqer sete *sets*!

— *Hey*, Ernest. Neres de rever esses três, hem!

É Hélène, qe, qe nem Bérengère, desteme Ernest. Ernest nem se mexe, qe nem qem pense bem.

— É bem demente qem desmerece Bérengère — recresce Hélène. — É de refez qe Bérengère rende, de vez, sete e dez e treze desses *teens* qe lhe servem!

— É evedente, né — defere Preste Spencer.

— Feche esse reqe-reqe deles, Chefe, feche esse reqe-reqe! — reqer Jeff, fremente.

— Cê se desestresse, Jeff, e nem se desespere — entenrece-lhe Ernest. — Peter, Bebel, detectem qe é qe se fez de Bérengère e esses gêmels Bénédek!

Embecees, e servees, Peter e Bebel bedecem e eferem. Presentemente, é Jeff, Lew e Ernest!

Qe néscels, hem! Entende-se qe se erre; qe se teyme e erre de revez é demente! Três qe restem, esses f.d.p. seggem de 37 e Berette em reste, prestes de se verem lelés, e deve-se temer qem qede lelé. Refletes, qeres prever qe qer qe pensem. Temes qe empreggem esses revélveres deles. Qerem te ver pe-recer? E Thérèse, Hélène, Estelle? E Preste-Mestre? Te vês refém desses degêneres empreveseeveys! Empende te defenderes!

— Ps! Ps! — fez Preste Spencer.

— *Seelenz!* — expele Ernest.

De leve, bem de leve, leve de Ernest nem per-ceber, te flectes e vês Spencer, qe, descretemente, rente de Serge, mexe em *keshmeres* em qe entreveem-se ferretes.

Yes! Se bem qe nem é de refez reter esses ferretes sem qe eles se revelem e te entreggem presses meqetrefes... Desde qe, secretemente, pegges e ejetes esses ferretes neles, pervences!

Qe nem serpentes qe se delem entre senes, esses ferretes mexem-se, bem descéleres, de dêdeen em dêdeen, de preste em preste, mercê de eqeepe menestre qe fez estredente bereré, qe fez qe Ernest e esses *teens* centrem-se em qem berre: Thérèse, Hélène e Estelle.

– Qetem-se! Qetem-se! – expede Ernest.

– Fechem esse reqe-reqe, qe berel! – freme Lew.

– Cês qerem qe lhes verbere? Cês qerem perecer, é? Cessem! – freme Jeff.

Vês esses ferretes, qe eles despercebem, bem rente presentemente, e tem Edme de Bénévent e Stephen Brewster qe te rentêem.

– Ps! Ps! – fez, de revez, Preste Spencer. – Peggem!

Deferes e, veemente, célere e prestemente, desferes ferretes em Ernest, qe nem seqer entende qe é qe se fez, qe nem Lew e Jeff, qe, sem nem perceberem, recebem ferretes qe Edme e Stephen desferem neles. Ernest e esses serventes dele, sem qe seqer lembrem qe têm 37 e Berette em reste, ferem-se, perdem leste e estendem-se. Clereges vêm e, sem perrengge, lhes prendem.

Ernest segge sem entender qe é qe se fez recentemente. Entrementes, Bérengère emerge e expende qe tem PM e PF qe cerqem sweetes em qe rendem esses gêmels Bénédek e, hegelmente, Peter le replet e Bébel Ceketreez:

— Esses embecees qe se regrem em DP!

— É, esses rebeldes, débeys qe nem eles – entretém-se Spencer –, nem tem qem espere qe se deem bem!

De revez, Preste-Mestre qe se expresse e decrete qe se venere qem merece:

— Embevece-me qe esse brete se enterre excelentemente, mercê de mêl Dêls, mercê de *feenesse* de Bérengère e mercê de prestez de Clément, Stephen e Edme! E, presentemente, qe esse nhe-nhe-nhem se encerre! Empende qe, prementemente, re-encete-se esse mexe-mete e qe, qe nem cenérel Fênex, ele se re-engendre e se desregre nesses degêneres *screepts* e *sketches* qe pervertem qem qer qe lhes encene!

Nesse entrementes, qeres entender de Hélène qe é qe se deve empreender; enqeres flentemente:

— Em qe pé cê vê esse perrengge?

— De revez, é de bem qe se espere – expende Hélène. – Esses prestes devem se exceder nesse mexe-mete renescente e, de repente, cê se mete em sweete de Bérengère sem te verem e cê retém esses berenggendéns berengerenses.

— Qem me der…, é qe me vem em mente qe esse trem esteje em xeqe…

— Tente crer em Hélène, qe é mestre em bretes – empele-te Estelle.

— Reserve-se, Clément – segge Hélène –, tente nem seqer se despender nesses flertes qe vêm, qe cê tem de ter verve se cê qer qe esse *beeseness* se encerre bem!

Entrementes, tem prestes qe, sem mercê, veenggem-se de Ernest e desses *teens* dele. Spencer qer qe peggem qessetetes e verberem veementemente Lew e Jeff, e Serge reqer qe emperrem ferretes terebrentes em Ernest, bem nesse peveede dele. Clereges deferem, exercem qe qer qe lhes pedem e té entretêm-se nesse meester. Qem lhes repreende é Bérengère:

— Dêxem de ser decentes! Dêxem de ser nenéns! Tem *qeen* serelepe qe, em Nesle, fez qe cem serventes lhe metessem e, seqentemente, perecessem!

— É, qe Refesteles e prezeres — enternece-se Serge — esses renescentees!

— Teve qem se desregre em flertes ferventes, né! — recresce Tencrêde.

Hereges e clereges refletem-se nesses lembretes e, embevecentes, descrevem qe qer qe desejem de endecente: Kenneth qer, qe nem Verres, embeber-se em sêmen e ejé de setecentessetentesete serventes qe se desventrem; Bérengère qer *blecks* qe nem se medem; e tem qem prefere perverter-se em:

— Seres neenfêls!

— Gente bem verde! Edee de bebê!

— Senescentes sem dentes!

— Gente qe fede, qe dê êmese!

— E pets!

— Pets! — expede Preste-Mestre — Se qerem, Sé de Exeter tem cem pets! Preste Spencer!

— *Excellence?*

— Se bem qe desejes qe se verberem e reverberem esses *teens*, dêxe eles e pegge-me pets! Pegge Nerêl, *teckel* excelente, e Erébel, *setter* englês!

– *Yes, Ser!*

Spencer nem bem se despede e, de repente, revém; *teckel* e *setter* seggem-lhe lé e cré.

Bérengère qer qe lhe experementem; pede qe Stephen, Kenneth e Tencrêde lhe enlêem e qe Celse e Herbert menêem esses lemes desses pets té empedrecerem e, prestes de verterem sêmen, qe dêxem qe lhe penetrem e lhe reggem. Sem qe encenem, vês esses pets e Bérengère em frenesee e enqeres Thérèse:

– Bérengère sente T nesse trem?

– Nem sente, se bem qe venere S&M!

Qem semêe qe vente recebe entempéres! Gente qe se desregre tem mente em qe crescem, sem qe cessem, germes de perverter qem qer qe seje, té qe engendrem flertes repelentes, qe nem esse em qe prestes prendem Jeff e reqerem qe Serge, qe nem demente senescente, defeqe nesse *teen*, bem entre esses dentes dele, defeqe fezes prenhes de verme, qe eles exeegem qe Lew merende. Lew, se bem qe tremelêe, defere. Entrementes, sem qe cessem, tem prestes qe peydem deleterelmente e se entrepeggem, clereges de ventres, peveedes, sedéns, dentes, rendengges e penes qe se revestem de sêmen e de *merde*.

E tem Preste Spencer qe erre entre esses seres sedentes e lhes verbere. E, qe nem bebê qe qer leyte, Serge pende-se desse peyteen de Bérengère, qe segge entre pets... Qe deleyte, qe selvestre, qe treeste...

É de se entender qe, brevemente, esse efervescente mexe-mete se desfeche em tepedez, qe cessem esses desfrenes enteceres, qe Bérengère lembre qem nem bem respeere, qe esses prestes restejem gementes, qe, qe nem em Sheykespeere, esse *screept* se encerre em gentes qe perecem. E fez-se!

– *Hey, gerls* – expedes –, é vez de reter esses belenggendéns de BB.

Segges em frente e emerges desses éteres de peste qe recendem desse degênere mexe-mete. Em Sé de Exeter selente, enegrecente e sem PM nem PF, refecemente percebes em qe sweete Bérengère tem pertences qe se velem.

– Bem, qedê, qéde, qe é desses belenggendéns? – enqere Thérèse.

– Dêxe-me ver.

Refletes bem, té crer qe desveles qe qer qe pretendesse Bérengère.

– Sentes qe Bérengère embrete? – enqerem-te.

– BB é bem entelegente, lê, e qem qer qe se lembre de "The Deseppeered Letter" deve ter sempre em mente qe nenggém vê qe qer qe esteje evedente!

Em vez de te perderes em beefês qe se fechem bem, qe se selem, qe se vedem, hermeteqemente, preferes ver entre trens sem enteresse, e percebes escreenels, escreenels férrels, e, nesses escreenels, belenggendéns: pendentes, peerceengs, pengentes etc.

– Qe benesse!

E qe se encerre, qe se feche, qe se termeene! Resplendecentes e embevecentes, se bem qe levemente deperecentes, vês Hélène, Thérèse e Estelle, e te vês qe nem, qe nem *The Three Mesketeers*. Em eqeepe, retêm berenggendéns, despedem-se de Sé, e emergem entre esses cels de Exeter qe se enegrecem e em qe, em breve, ergge-se 737 em qe, sem *stress*, regressem té FR.

THE END

Posfácio do tradutor

Faz pouco mais de quarenta anos que Georges Perec, com pouco menos de quarenta e seis de idade, a quatro dias do seu aniversário de 1982, deixou de nos escrever. No entanto, para nossa alegria, escreveu muito, publicou muito, e a escrita deixada inédita segue sendo lançada postumamente, como *Lieux* [Lugares], que veio à luz em 2022 em celebração à vida e às letras do *homme de lettres* que (se) foi. Trata-se de um volume composto por anotações feitas durante cerca de seis anos, metade da duração prevista para o projeto de gestação desse livro que, na verdade, jamais foi escrito. O próprio autor aponta ali que não sabe bem o que fará dessas notas (PEREC, 2022a, p. 104), o que nos faz lembrar do questionamento de Michel Foucault (2009) sobre até onde vai a obra de um autor: fazem parte dela os rabiscos numa agenda, as correspondências com amigos, os textos inacabados…? Parte efetiva ou não, é óbvio que esses textos nos ajudam a matar a saudade, a descobrir novas facetas do autor que tanto admiramos e podem auxiliar (e muito, como veremos aqui, a partir da análise de manuscritos) a crítica e a tradução.

Entretanto, parte inquestionável da obra de Perec é este romance que aqui se apresenta, o quinto que o escritor publicou em vida. Repito: o *quinto*, assim como a *quinta* letra do alfabeto, E, a única vogal *permitida* neste livro que vem justamente após aquele no qual E era a única vogal *proibida*, *La Disparition* (1969), que traduzi com o título *O sumiço* (Autêntica, 2015). *Les Revenentes* (1972), este só com o E como vogal, foi escrito há pouco mais de cinquenta anos e agora é traduzido para o português brasileiro (?!?) e intitulado *Qe regressem*. Ortografo o título sem o U, voluntariamente deixando entrever os motivos de eu ter acompanhado o "português brasileiro" da frase anterior com interrogações e exclamação entre parênteses. Esses parênteses já serviriam para a língua original (originalíssima, por sinal!), um francês (?!?) que, desde o título, já se desvia da norma culta e substitui o AN de *revenantes* por EN, sem de forma alguma modificar a pronúncia da palavra. Note-se que, logo nas "Lex" que precedem o romance em si, lemos que "'Qu' se torna 'q'" e que "diversas sortes de distorções [...] serão admitidas".

Para Isabelle Parnot, "o francês-sem-o-e [de *La Disparition*, *O sumiço*] e o francês-sem-outra-vogal-a-não-ser-o-e [de *Les Revenentes*, *Qe regressem*] são de certa forma línguas estrangeiras no interior do francês" (PARNOT, 2012, § 10).[1] Eis, para mim, talvez a maior fonte de prazer na "leitura-escrita" que é a tradução (termo de Henri Meschonnic, 2007) e, mais especificamente, a tradução deste livro: o prazer

---

[1] Exceto quando explicitado em contrário, as traduções de citações deste Posfácio são minhas.

de criar, de maneira análoga à de Perec, uma língua estrangeira dentro da minha língua materna, de inventar um português-sem-outra-vogal-a-não-ser-o-e. Sim, é claro que, quando se trata sobretudo de literatura, nunca traduzimos a partir do francês, do inglês, do russo, do alemão ou da língua estrangeira que for, tanto por nenhuma delas ser pura quanto por estarmos sempre diante de uma língua que, de certa sorte, é particular ao autor ou à autora que traduzimos naquele instante. Mas isso se torna ainda mais patente (e potente) quando se traduz uma obra com uma *contrainte* (uma restrição formal) mais dura, uma regra formal tão restritiva quanto, por exemplo, o monovocalismo (escrever com apenas uma vogal), tão mutilante para a língua por um lado e, por outro, tão regenerante.

O fascismo da língua

Roland Barthes (um dos mestres de Perec), em 1977, na sua célebre *Aula: aula inaugural da cadeira de Semiologia Literária do Colégio de França* (traduzida por Leyla Perrone-Moysés), falava do "fascismo da língua", do seu "poder" de nos "obrigar a dizer", "poder" ao qual nos submetemos e servimos todos os dias. Porém:

> Se chamamos de liberdade não só a potência de subtrair-se ao poder, mas também e sobretudo a de não submeter ninguém, não pode então haver liberdade senão fora da linguagem. Infelizmente, a linguagem humana é sem exterior: é um lugar

> fechado. [...] [A] nós [...], só resta, por assim
> dizer, trapacear com a língua, trapacear a língua.
> Essa trapaça salutar, essa esquiva, esse logro mag-
> nífico que permite ouvir a língua fora do poder,
> no esplendor de uma revolução permanente da
> linguagem, eu a chamo, quanto a mim: *literatura*
> (BARTHES, 2004, p. 15-16).

É com o auxílio dessas palavras que Claude Burgelin nos explica o "combate lipogramático" de Perec, que é também o meu enquanto tradutor dos seus lipogramas, desses textos em que se proíbe o emprego de uma ou mais letras. Deparamo-nos com um combate um tanto quanto paradoxal, já que, graças a novas regras (autoimpostas), logramos escapar de outras (as antigas, que a língua sempre nos impôs), alcançamos a liberdade criando (com) nossas próprias correntes. Ou, nos termos de Burgelin:

> O combate lipogramático liberta da opressão
> das fórmulas já desgastadas. E assim o prazer
> vem tanto do fato de se submeter à ordem que
> a língua lipogramatizada impõe quanto de se
> impor essa ordem à língua. A lei do jogo e o
> jogo da lei: opressor e oprimido se têm nas
> mãos um do outro (BURGELIN, 1990, p. 24).

Portanto, é nos impondo (a nós mesmos) o jogo (legal, em todos os sentidos do termo) e legalizando a trapaça às leis do jogo da língua que nos libertamos, que mutilamos e regeneramos, ao mesmo tempo, a língua e a nós mesmos, enquanto seres de linguagem que somos.

Se, com seus inúmeros jogos, para alguns e algumas, esse tipo de escrita não passa de uma "recreação" (como para Gérard Genette, 1982), para outras e outros (como Italo Calvino ou Roberto Bolaño), a escrita restritiva "recria" a língua e nos "recria". Não é à toa que o primeiro compêndio do OuLiPo (1973), grupo que se dedica justamente à escrita com *contraintes*, traz como subtítulo "Criações Re-criações Recreações". A *contrainte*, com todo o prazer (e a angústia) que um jogo pode implicar, nos faz desviar dos lugares-comuns e nos leva àqueles que, muito provavelmente, jamais exploraríamos sem ela, obrigando-nos a sair da zona de conforto, a encontrar alternativas, a trilhar novos caminhos, a tomar atalhos e desvios, a traçar novos trajetos com (e para) a língua, a recriá-la nos moldes da restrição, a remodelar nossos horizontes, a reestruturar a escrita e o pensamento, a descobrir e revelar aspectos desconhecidos, às vezes, de nós mesmos. No caso deste livro de Perec, ele traz à tona algo que raramente se vê na sua obra, o erotismo.

*Sex*tualidades

Desde que Perec se tornou membro do OuLiPo (Ateliê ou Oficina de Literatura Potencial, grupo francês fundado por Raymond Queneau e François Le Lionnais no início dos anos 1960 e que foca nas *contraintes*, suas pesquisas e produções até hoje), o escritor parece seguir à risca um dos princípios oulipianos mencionados por Jacques Roubaud no

Atlas do OuLiPo (1981, p. 90): "um texto escrito a partir de uma *contrainte* fala dessa *contrainte*", implícita ou explicitamente (acréscimo meu). É por isso, talvez, que o autor de *Qe regressem* faz, deste, um romance tão transgressor. Em outras palavras, já que o mundo de letras que aqui se constrói deve refletir as letras que constroem este mundo, e já que é impossível construir uma narrativa longa com uma única vogal sem que se transgridam as normas da língua, a transgressão será o móbile de toda a criação (re-criação e recreação) no que se refere àquilo que se conta e à maneira como se conta. Na análise de Claude Burgelin (1990, p. 109), "*Les Revenentes* [*Qe regressem*], escrito unicamente com (em princípio...) o *e* como vogal, conta, na sua festa textual, uma festa sexual", paronomásia que se transforma numa neológica palavra-valise em Maxime Decout (2017, p. 1033), uma festa "sextual", festa *sex*-tual que nos apresenta também, como a maioria dos textos oulipianos, pelo menos um intertexto, uma espécie de reescrita (re-criação) de uma história outrora contada por um famoso marquês.

Intertextualidades e (auto)biografia

Entre os três tradutores que já se aventuraram a verter este romance monovocálico para outras línguas/culturas (Ian Monk, para o inglês, publicado em 1996 pela Harvill Press; e Guido van de Wiel, para o holandês, em edição de 2022 da Uitgeverij De Arbeiderspers, são dois deles), está o autor da tradução alemã, Peter Ronge (2004, p. 103-104), que afirma que a última sequência/capítulo de *Qe regressem* é, sobretudo, "uma reescrita do episódio 'romano' da *História de Juliette* (*Ou as prosperidades do vício*), do Marquês de Sade". Na narrativa sadiana, Juliette, junto a seus cúmplices, promove uma orgia papal e rouba os tesouros da igreja, intriga que realmente se assemelha muitíssimo à de Perec.

Por outro lado, para quem já conhece um pouco da obra perecquiana e sabe que sempre se pode procurar por um fundo autobiográfico nela, talvez seja interessante lembrar o que diz o primeiro biógrafo do autor, David Bellos (1994).[2] Ele sugere que o ponto de partida disso que aqui se narra, esta trama que se tece em torno das *gemmes* e *perles* de Bérengère ("pedras preciosas" e "pérolas", de cuja tradução trataremos mais adiante), é o roubo das joias dos familiares de Perec, judeus poloneses que, à época da ocupação na Segunda Guerra Mundial, teriam deixado seus bens de valor aos cuidados (ou falta de cuidados) de um atravessador/comerciante, o qual os teria perdido numa festa dada em zona livre francesa.

---

[2] Digo que David Bellos seria "o primeiro biógrafo" porque Claude Burgelin, mais recentemente, além de ter publicado em 2017 uma iconografia comentada intitulada *Album Georges Perec*, espécie de biografia escrita a partir de imagens relacionadas com o escritor e sua obra (fotos, manuscritos, cenas de filmes de Perec etc.), lançou em fevereiro deste ano *Georges Perec* (2023), biografia premiada logo em seguida com o Prix Goncourt de la Biographie. Seu outro livro homônimo, de 1990, não era de cunho biográfico, mas uma análise da obra perecquiana.

Pessoalmente, muito mais me interessa pensar o tema como o pensa o próprio Perec (2003a, v. II, p. 64): "todos os meus livros, somados, poderão funcionar como uma autobiografia também. Só que autobiografia não é somente contar os acontecimentos que se deram na vida de alguém". Segundo Bernard Magné (2005, p. 24), o que encontramos na obra perecquiana "não é um caso de curiosidade biográfica", pois o que o escritor "retém dela [da biografia] não é a dimensão do referente, mas a da linguagem".

Naquilo que tomo, portanto, por autobiográfico e que me concerne especificamente neste trabalho tradutório, eu poderia ter optado pela ausência ou onipresença do A para *O sumiço* e *Qe regressem* (porque o A é a letra mais frequente no português, mais ou menos como o E no francês, embora a frequência delas seja bem diferente). Mas me parece muito mais importante (assim como a outros tradutores e tradutoras), ao traduzir os livros de Perec, principalmente os lipogramáticos, tentar reconstituir esse elo autobiográfico que é o E na sua obra, essa vogal que considero como um conector entre "todos" os seus livros. Assim, "somados", também em língua portuguesa, eles podem "funcionar como uma autobiografia", na "dimensão da linguagem", naquilo que os une, por exemplo, ao título *W ou a memória de infância*. Nesse livro em que se destaca um X e corta-o horizontalmente para se chegar a um duplo V (VV, W, o qual, após rotações e extensões de suas pernas, resulta em estrelas de Davi e suásticas), enxergamos, então, esse W que se pode ainda rotacionar (noventa graus no sentido horário) para fazer recordar um E. Esse livro intitulado *W* é também dedicado "para E", um E que é homófono ao *eux* francês, eles, os pais, *père* e *mère*, que, assim como um número ingente de outros judeus, sumiram na Segunda Guerra para nunca mais voltar, ou para regressarem, sim, na onipresença da ausência d'*Eles* em *O sumiço*, ou na saturação da presença d'*Eles* em *Qe regressem*, ou para fazer reverberar o nome do autor, GEorgEs PErEc (com seus tantos EE). Ou para, ainda lembrando o seu nome, perecerem e deperecerem ("de Perec serem") com a manipulação do E do *emeth* que traz vida ou morte ao golem, mito judaico citado em outro dos livros do autor, *Ellis Island*, em que se fala dessa ilha de inicial E, "onde o destino tinha a cara de um alfabeto" (PEREC, 2005, p. 49). Ou para ressoar junto com os EE iniciais de *Espèces d'espaces* [Espécies de espaços], ou com a referência contida em *O sumiço* ao livro chamado ∈, título tirado do símbolo matemático de pertencimento por Jacques Roubaud, um dos membros da família literária à qual pertence Perec, o OuLiPo...

De qualquer forma, autobiográficas e/ou intertextuais – não somente sádicas, mas também com suas referências a outros textos, às narrativas policiais evidenciadas por Eric Lavallade (2021) ou aos *Três Mosqueteiros* (mais um) de Alexandre Dumas, regressantes em *Qe regressem* na pele de três beldades (mais o narrador) –, fato é que a palavra *gemmes* ("gemas", "pedras preciosas", das quais eu falava mais acima) é empregada no livro de Perec não apenas como as joias que a personagem Bérengère quer vender, mas também como as "joias dos ancestrais", as joias de família, os "colhões" de um dos "membros" que tomam parte na orgia ao fim do romance, termos que nos levam a refletir por um momento sobre a polissemia do texto e sua tradução.

Restringindo-me a comentar somente duas palavras-chave (e polissêmicas, com um duplo sentido de cunho *sex*tual) que se mostraram desafiadoras no processo tradutório do texto de partida, exploremos essas *gemmes* e um tal de *pense-fesses*.

(Digressão) Texto de chegada: dentro das regras do jogo original, uma nova partida

Gostaria de ressaltar que um trabalho de tradução assim, de um texto de partida com uma *contrainte* tão dura, que nos obriga a, necessariamente, imprimir transformações radicais à obra, sempre me faz recordar uma analogia que descobri no "Prefácio" de Marc Parayre para *El secuestro*, tradução de *La Disparition* (*O sumiço*) para o castelhano. A analogia é retirada de Umberto Eco (1983, p. xix), da "Introdução" que faz à sua tradução dos *Exercícios de estilo* de Raymond Queneau: "Fidelidade [na tradução] significava compreender as regras do jogo [do livro de Queneau], respeitá-las, e depois jogar uma nova partida com o mesmo número de movimentos".

Nessa perspectiva, observemos, numa das mãos, o jogo de Perec: ao ser entrevistado, ele não se cansava de declarar que "[meu] verdadeiro jogo é a literatura e o jogo que jogo com ela", "um jogo que se joga a dois", "um jogo de xadrez entre o leitor e eu" (Perec, 2003a, v. I, p. 249, 275 e 239). Na outra mão, temos a partida de xadrez que é a tradução, esse xadrez que é transformar *Les Revenentes* em *Qe regressem*: tratar-se-á de "uma nova partida", necessariamente diferente da original, na qual, porém, dentro das regras do mesmo jogo, continuará havendo peças como os cavalos, que se movem em L, mas que talvez não poderão ser feitos da mesma madeira utilizada por Perec, o *ébène*, ou "ébano". Em português, a palavra contém os proibidos A e O e, por isso, teve de ser substituída por "hester", "madeira das Antilhas, de tonalidade cinzento-escura", como se lê no dicionário *Houaiss* (minha principal fonte de pesquisa lexical). Continuará havendo no texto de chegada algo como o "bispo" do texto de partida, *évêque* em francês, do qual Perec retira o U (*évêqe*), mas que acaba regressando no português como "Preste-Mestre", que cunho a partir de um arcaísmo nosso[3]: "preste" (e não "prestes", de

---

[3] Arcaísmos assombram não somente o nosso, mas também o texto original, até mesmo em coabitação pacífica com gírias mais atuais. Cabe, entretanto, acrescentar que evito imprimir na tradução registros de linguagem que soem demasiado atualizados, que possam dar a sensação de um anacronismo muito grande, já que o romance data do início dos anos 1970, e não dos dias de hoje. Por isso não quis, por exemplo, usar o E como marca de gênero neutro nos substantivos e adjetivos, nem abreviações sem vogais como aquelas que se espalham pelos posts e mensagens das redes sociais. Essas estratégias teriam facilitado imensamente minha tarefa; porém, além de serem anacrônicas demais (como já disse), eu as vejo como trapaças muito baratas

"presteza"), que chega até nós justamente pela palavra francesa *prestre*, hoje ortografada *prêtre*, ainda de uso corrente para designar um padre ou sacerdote. E assim por diante.

Já no que diz respeito ao "mesmo número de movimentos" preconizado por Eco na "nova partida" da tradução, isso se mostra praticamente impensável aqui, infelizmente, pois, se nem o material das minhas peças poderá por vezes ser o mesmo das de Perec, muito menos o número de peças será o mesmo e, consequentemente, o número de movimentos que poderei fazer com elas. Em termos menos enxadrísticos e mais estatísticos, a frequência do E na língua francesa (com todas as suas variações de acentuação) pode chegar a mais de 17% (MÜLLER, [s.d.]), enquanto no português ela não alcança nem sequer os 13% (CARVALHO, 2006, p. 28). Dispondo, portanto, para a tradução, de uma quantia bem menor de EE do que Perec para a escrita do original, tenho que me virar com menos peças, repetindo-as e movimentando-as mais vezes do que na partida francesa.

Mas talvez isso possa contar a meu favor no olhar de quem há de ter me considerado em vantagem em relação a Perec quando publiquei *O sumiço*, por, supostamente, os menos frequentes EE do português terem simplificado demais a minha tarefa (como se bastasse evitar EE para se traduzir um livro nada

em comparação com a complexidade das transgressões de Perec. São estas que tento emular na tradução.

simples como aquele, repleto de jogos metatextuais...[4]). Talvez possam me dar um desconto neste momento, por eu estar em nítida desvantagem em *Qe regressem*. Talvez, por fim, as contas possam se acertar e equilibrar.

Polissemias *sex*tuais

Retornando às peças/palavras-chave cuja polissemia e tradução prometi comentar, *gemmes* e *pense-fesses*, comecemos pelo último.

Lemos nesse *pense-fesses*, invenção lexical de Perec, o *pense* (do verbo "pensar") do composto *pense-bêtes* ("pensa-bestas" se o decompormos ao traduzir, mas que significa "anotações", "lembretes") e o *fesses* ("nádegas") de *pince-fesses* ("pinça-nádegas" se traduzirmos palavra por palavra, que designa, porém, bailes ou festas mais carnais, em que beliscões nos bumbuns e depravações afins não são incomuns). O neologismo se refere no romance à reunião orgíaca que deverá se dar entre os padres, Bérengère e aqueles que têm a intenção de roubar as suas joias.

O desafio tradutório foi, portanto, restituir de alguma maneira o humor e a polissemia neológica do termo, com seu aspecto metatextual (apontando para a própria escrita, com a presença do verbo

---

[4] Sobre a metatextualidade de *O sumiço*, os duplos sentidos e tudo o mais que aponta para o próprio procedimento de escrita do romance, ver meu "Posfácio" na tradução do livro (PEREC, 2015).

"pensar" e a referência a "anotações") e sexual (com as nádegas que se pinçam nesse pensar). A solução foi tomar a metatextualidade do "mexe-mexe" (jogo também chamado de palavra-cruzada ou *scrabble*) e aglutinar com o verbo "meter" (apesar de já podermos subentender algo sexual num mexe-mexe), resultando num "mexe-mete". Ademais, toda uma rede de significantes será (re)criada em torno do *pense-fesses*/mexe-mete ao longo da obra.

Quanto às *gemmes* supracitadas, empregadas tanto como "gemas", "pedras preciosas", quanto como "testículos", "colhões", à procura de algo que desse conta no português do duplo sentido do termo, o melhor que encontrei foi uma variante um pouco mais rara de "balangandãs": "berenguendéns". O termo demanda, ao menos, duas explicações da minha parte.

A primeira é sobre transgressões ortográficas voluntárias. Se escrevesse simplesmente "berengendéns", sem U, o G poderia ser lido como um J; então, optei por fazer o que faz Perec. Ele adota uma ortografia próxima à inglesa nessa história que se passa na Inglaterra: inspirado em *egg* ("ovo"), por exemplo, ele escreve *langue* ("língua") desta forma: *lengge*, não apenas trocando, como no título do livro, seis (*an*) por meia dúzia (*en*), mas também adotando o duplo G para substituir o GU. Assim cheguei a "berenggendéns" e a numerosas outras palavras normalmente grafadas com GU.

Um segundo esclarecimento para esses "berenggendéns", que, conotativamente, abrangem bijuterias e penduricalhos no geral e até mesmo testículos (que, de certa forma, são pendentes), diz respeito à sua denotação, como o define o dicionário *Houaiss*, "ornamento [...] us. pelas baianas em dias de festa". Tal baianidade, obviamente, não existe em Perec, mas, tão obviamente quanto, esse não será o único momento em que encontraremos tons mais abrasileirados acrescidos ao livro. Isso porque traduzir é ir ao encontro de, e, ao mesmo tempo, de encontro ao outro, à diferença; e nada nem ninguém há de sair indiferente desse encontro, ainda mais quando se tem de o promover entre alfabetos nos quais se desencontram umas ou outras letras.

Ainda nos (des)encontros entre o francês-sem-outra-vogal-a-não-ser-o-e de Perec e o português-sem-outra-vogal-a-não-ser-o-e da tradução, vale a pena examinar um pouco mais a fundo alguns dos procedimentos dessa escrita da transgressão e como eles são tratados no processo tradutório.

Transgressões voluntárias

Já vimos, mesmo que *en passant*, pela estratégia de substituição de GU por GG, que a recriação da ortografia passa frequentemente pela língua inglesa, seja por empréstimos de vocabulário seja por alterações ortográficas. Bom exemplo para ilustrar a ambos é *streep-teese*. O vocábulo é um paragrama (palavra em que se substitui pelo menos uma letra por outra) de *strip-tease*, em que um duplo E (como os de *three, street, teen...*) toma o lugar do I, assim como o do EA, de pronúncias bastante próximas no inglês.

Perec usa e abusa dessa semelhança sonora, pois a aplica na modificação de termos ingleses e a importa para a língua francesa, escrevendo, por exemplo, no trecho que veremos a seguir, em vez de *exterminer* ("exterminar"), *extermeener*. Isso será feito também na tradução, substituindo-se o I pelo duplo E lá e cá, como aqui, em que o *extermeener* do texto de partida se torna *extermeenem* no texto de chegada.[5] Aliás, muito além das transgressões ortográficas, às vezes não há como evitar reformulações de parágrafos inteiros na tradução, deslocamentos de conteúdo, reestruturação de interrogativas em hipóteses etc., mais ou menos como abaixo:

---

[5] Este é um dos raros casos em que se pode empregar exatamente o mesmo verbo do francês no português, apesar de ele deixar de ser escrito no infinitivo (já que "exterminar" contém, além do I, um A) e, por conseguinte, demandar uma reformulação de toda a frase para que o subjuntivo se encaixe ali. Trata-se de uma estratégia que vem a calhar inúmeras vezes na tradução, até porque as terminações em E no nosso subjuntivo são bem frequentes. Tanto é que pouco nos surpreende quando escutamos por aí um "seje" ou "teje" ou "veje", transgressões (ou desvios da norma culta) que também aproveito no livro. Sem contar que, ainda em reflexões sobre as conjugações verbais, inspirei-me em outro livro de Perec, *Um homem que dorme*, todo narrado na segunda pessoa do singular (*tu*), para transformar a primeira pessoa (*je*, "eu") do narrador de *Les Revenentes* numa narração em segunda pessoa ("tu", com a omissão do pronome, é claro) em *Qe regressem*, um "tu" cuja conjugação me abre um leque muito maior de verbos. Sobre essa minha escolha tradutória, ver "Perdem-se EE em Perec e pede-se que regressem em *Les Revenentes: Qe regressem!* (FÉRES, 2019).

> – *Éjecter Mehmet ? Les éventer en ces djebels et extermeener l'ensemble des rebelles ? Ce n'est pépère. C'est léger léger. [...] Les gens les défendent, c'est le secret.*

> – Se cê pretende qe se ejete Mehmet, qe se desvendem e extermeenem ele e esses rebeldes dele, cê tem de entender qe, nem qe se empenhe, [...] tem gente qe lhes defende, qe segrede eles (p. 31).

Esse excerto nos permite perceber que, ainda que de formas distintas, transgressões sintáticas figurarão tanto no texto de partida quanto no de chegada. Qualquer *débutant* em francês notará, por exemplo, que a estrutura negativa *ne* + verbo + *pas* perde o *pas* no texto de Perec. Já no português, para mencionar apenas um exemplo, pronomes oblíquos referentes a objetos diretos, como "o(s)" e "a(s)", darão espaço aos de objeto indireto, "lhe(s)", ou a pronomes pessoais retos, como acima, em "qe segrede eles", algo que se ouve com bastante frequência numa conversa informal, tal qual esse "cê" que substitui o "você". Perec explora esses traços de oralidade no seu texto, também em falas de personagens, nas quais encontramos, em vez de *vous êtes* ("você é"/"você está") ou *il est* ("ele é"/"ele está") ou *tu espères* ("tu esperas"), respectivamente, *z'êtes*, *l'est* e *t'espères*.

Mas, entre as transgressões ortográficas, que muito mais me intrigam por sua complexidade e criatividade, tão bem categorizadas, descritas e exemplificadas por Bernard Magné (1989, p. 181-188)

– um dos mais respeitados estudiosos da obra perecquiana –, elas não se resumem à queda do U. Existem outras vogais que somem, no início, no meio e no fim das palavras (o que denominamos aférese, síncope e apócope), como em *ptêt*, que deveria ser *peut-être* ("talvez"). Há, ainda, além de paragramas resultantes da substituição de um I ou outro por duplos E, o E substituindo outras vogais, como o A em *strétègèmes (stratagèmes,* "estratagemas"). Às vezes Perec lança mão do W (semivogal ou semiconsoante), como quando WE faz as vezes de OI: *soir, soif e poils* ("noite", "sede" e "pelos") cedem espaço para *swère, swef e pwels*. Até mesmo a vogal U se transforma na consoante V, talvez por U e V não se diferenciarem no latim: VE toma o lugar de UAI e *suaire* ("sudário") vira *svere*. Ou o Y (semivogal ou semiconsoante) se junta ao E e rouba a vaga de ILLE: *merveille* ("maravilha") passa a ser *merveye*. E, vez ou outra, surge, mais radical ainda, um *le meyeur recette* (masculinizando o sintagma, por não se poder usar o artigo feminino *la*) para driblar o "inescritível" *la meilleure recette* ("a melhor receita").

Consequentemente, também me sirvo de procedimentos como esses, embora nem sempre idênticos, mas análogos – tendo em vista como adjetiva a tradução Octavio Paz (2009, p. 23) –, já que as brechas para se transgredir numa língua podem não ser semelhantes às da outra. Como exemplo temos a pronúncia do AI igual à do E no francês, semelhança que não existe no português. Nesta língua temos, por outro lado, algo que não há na francesa: um I átono que pode se confundir com o E, ao ponto de não sabermos por vezes se devemos escrever "dispense" ou "despense", "empende" ou "impende", "dispende" ou "despende". Por isso, os duplos E da tradução geralmente substituirão o I tônico, enquanto o E simples poderá se fazer passar por um I átono.

Outra transgressão que permeia todo o texto é a manipulação da acentuação (e sua variação, um mesmo vocábulo escrito de maneiras diferentes), que pode ser considerada um traço autobiográfico – ou biografema – de Perec, no julgamento de Magné (1989, p. 191). Lemos em *W*, nas memórias de infância de Perec, que ele sempre teve dificuldade com as regras ortográficas, com a distinção entre a crase e o acento agudo, e também, no dia a dia, entre a direita e a esquerda. Só que esses acentos transgressores acabam, na verdade, tornando-se auxiliadores da leitura, porque, como analisa Maxime Decout (2017, p. 1031), "a linguagem dança à beira do ininteligível", empurrando-nos a uma leitura em voz alta, para que, graças à pronúncia de certos termos, consigamos recompor na mente "sua grafia usual".

Se Perec (1985) chegou um dia a usar para o seu "esboço sociofisiológico da leitura" a metáfora de "um pombo ciscando o chão em busca de migalhas de pão", temos de ciscar este texto com um cuidado extremo. Para exemplificar como isso se dá na tradução, já que os problemas e soluções de Perec às vezes são diferentes dos meus, vejamos uma referência em que não há transgressão ortográfica nenhuma no francês: *Thésée* (Teseu), herói da mitologia grega. Na tentativa de encontrar uma ortografia alternativa para o nome em português, minha primeira saída foi trocar o U por um L, já que temos palavras que até mesmo apresentam as duas variantes no português, como "lebréu" e "lebrel"; porém, o último E de "Tesel" poderia soar, como nesse lebréu/lebrel, como se portasse um acento agudo, e pode ser que o leitor ou a leitora nem sequer compreendesse de quem se trata. Então, para não deixá-lo(a) no "brêl", nem me exceder no uso do W como substituto do U (excesso evitado pelo próprio Perec), resolvi dotar de um acento circunflexo o meu "Tesêl". Em várias outras palavras procedimentos idênticos ou análogos me foram úteis para evidenciar a pronúncia visada ali.[6]

---

[6] Tomemos um outro exemplo de um inusitado uso do circunflexo: um "menêem" que citarei no fim deste "Posfácio". Sei bem que o circunflexo não se emprega mais assim na língua portuguesa. A acentuação correta dessa inédita grafia do verbo "menear" ("menêem") deveria ser "meneem", segundo o acordo ortográfico da língua portuguesa vigente nos dias de hoje. No entanto, como refletimos no início deste paratexto, sequer sei se posso afirmar que é portuguesa esta língua que se cria e recria em relação com tantas outras neste livro... O que temos em português, sem desvio ortográfico nenhum, é "meneiem" (com I). Sabemos também, desde as regras anunciadas por Perec antes de o romance começar, que o Y (que poderia substituir o I de "meneiem") deve ser consumido com moderação (bem como o W, que poderia substituir o U alhures). Há, ainda, tanto I substituído por EE neste texto, que fiquei com medo de alguém ler em palavras como um "meneem" (sem o circunflexo) algo como "menim" (com I) e acabar não entendendo nada. Por isso essa exceção, exceto

Ainda no que se refere a Teseu, segue-se mais um exemplo dessas transgressões do texto de chegada que se diferem das do texto de partida. Perec adota sua regra (anunciada no início do livro e que eu também respeito) de inserir "de forma mais ou menos progressiva" as suas "distorções" ou transgressões. Ao chegar nos últimos capítulos, ele introduz palavrões, como *enculé* ("cuzão", "arrombado" ou "fdp"[7]), ortografado *enQlé*, com um Q maiúsculo no lugar da sílaba CU, pois são pronunciados da mesma maneira. Outro deles é *le Q*, que substitui *le cul* (cujo significado é esse mesmo em que você está pensando, praticamente...). Em português, no entanto, como Q se pronuncia simplesmente como "quê", tive de buscar outra letra que remetesse a algo sexual e que, embora trouxesse na pronúncia vogais proibidas na escrita (como o U que se ouve no Q francês), pudesse ser inscrita no livro sem que se quebrasse o pacto monovocálico. Só consegui pensar no T maiúsculo, que me esforcei para aproximar também de uma das referências a "Tesêl", com o objetivo de despertar, em quem lesse esse T grandão, um certo tesão verbal.

nos casos de ocorrências em que não é necessária transgressão ortográfica, nos casos em que os vocábulos onde se dão esses EE se escrevem apenas com a vogal E de qualquer maneira, como em "creem", "deem", "veem" etc.

[7] Aproveito esse "fdp" para fazer um breve apontamento: a abreviação é uma estratégia à qual recorro na tradução, bem como o autor no original.

Manuscrito e a gênese de incoerências in(?)voluntárias

Naquilo que pretendi contemplar nestas páginas sobre *Les Revenentes/Qe regressem*, falta uma última questão de relevância. Após tantas transgressões ou distorções ou desvios ou erros voluntários, é indispensável falar de certas "incoerências" (foi esse o termo usado por aquele para quem levantei a questão numa troca de e-mails e que talvez seja o maior especialista nos romances lipogramáticos de Perec, Marc Parayre). Tais "incoerências" devem ter passado despercebidas em algum momento do processo de produção do livro, e são relativas a, principalmente, nomes de personagens que, voluntária ou involuntariamente, considero ter sido confundidos uns com os outros aqui e ali. Essas incoerências permanecem nas novas edições do romance, exceto, em partes, nas suas traduções.

Como o autor conheceu apenas a primeira edição do livro, de 1972, já que a segunda só foi lançada em 1991, quase dez anos depois da sua partida, ele não teve a chance de fazer nenhuma alteração no texto. Nem sequer podemos afirmar que, caso essas incoerências tivessem sido impressas involuntariamente, elas teriam sido constatadas e modificadas em edições futuras. Mas a consulta às três traduções já existentes, a um dos seus tradutores (Guido van de Wiel), ao especialista supramencionado (Marc Parayre) e, sobretudo, a consulta ao manuscrito do romance permitem concluir que essas incoerências de fato existem e supor que sejam advindas de hesitações evidenciadas por algumas passagens do manuscrito.[8] Examinaremos algumas delas abaixo. A tradução, afinal, enquanto a leitura mais atenta que se pode fazer de um texto (pensando aqui em Haroldo de Campos, Marília Garcia etc.), pode nos oferecer uma espécie de diagnóstico e possíveis remédios a essas incoerências.

O primeiro trecho em que uma incoerência salta aos nossos olhos é quando, ao sair do restaurante de Berthe, Thérèse, acompanhada por Hélène, encontra Bérengère, que pergunta para Thérèse o que ela está fazendo por lá, na Inglaterra, e ela responde: "*Well, c'est le week-end et je crèche chez **Thérèse** et Estelle*" (Perec, 1972, p. 51, grifo meu). Essa fala de **Thérèse**, com todas as letras, significa mais ou menos isto: "Bom, vim passar o fim de semana na casa de **Thérèse** e Estelle". Ou seja, não só soa como uma viagem astral Thérèse falar, ela mesma, que estava lá para visitar o seu próprio eu (e Estelle), como, na

---

[8] Uma pequena nota de agradecimento seja aqui registrada, *un grand merci* não apenas a Marc Parayre e Guido van de Wiel mas também à Association Georges Perec e, mais precisamente, a Jean-Luc Joly e Emmanuel Zwenger, que me acolheram de braços abertos na sede da associação, na Bibliothèque de l'Arsenal, em Paris, e demonstraram uma enorme generosidade para comigo e minha pesquisa sobre o livro aqui traduzido. Esta tradução foi iniciada logo após a finalização de *O sumiço*, em 2015, mas realizada sobretudo em 2021 e 2022, no âmbito do meu pós-doutorado em parceria entre a Universidade Federal da Paraíba, em que leciono, e a Université Paris 8, em que fui supervisionado pela Profa. Dra. Isabel Desmet, que já me havia orientado no começo dos trabalhos com *O sumiço* e a quem deixo aqui, igualmente, meu muito obrigado.

verdade, outros trechos do romance deixam claro que quem a está acolhendo ali são **Hélène** e Estelle; **Hélène**, inclusive, está ao lado dela nesse momento e será apresentada a Bérengère logo em seguida.

Isso se transforma na tradução de Ian Monk para o inglês (Perec, 2004, p. 80), assim como na holandesa, de Guido van de Wiel (Perec, 2022b, p. 58). Este confessa que, tendo visto que na versão de Ian Monk, membro do OuLiPo, a Thérèse de Perec tinha sido substituída por Hélène, ele se sentiu "confiante o bastante para fazer a mesma alteração". Por outro lado, Peter Ronge manteve Thérèse na sua tradução para o alemão (Perec, 2003b, p. 45). Por minha parte, concordo com Van de Wiel e Monk e faço o mesmo que eles, com o aval de Parayre também, que me escreveu que "convém restituir Hélène" na tradução e corrigir esse "erro".

O mais interessante é que, no manuscrito de Perec, não há nenhuma rasura nesse ponto específico (FONDS GEORGES PEREC [FGP, doravante], 113, 1, 15), como se o escritor tivesse certeza do que estava fazendo; mas encontramos certa hesitação na escolha entre Thérèse e Hélène em outro trecho (FGP, 113, 1, 24 rº). Aqui, o nome de Thérèse aparece riscado e substituído por Hélène, o que reforça a hipótese de que o autor pode, sim, ter confundido os nomes das personagens em alguns momentos.

O segundo excerto em que uma dúvida semelhante surge é aquele em que, durante o *pense-fesses* (o mexe-mete), Clément, estando na companhia de Thérèse e Hélène, é solicitado por Estelle. A solicitação sexual é atendida por ele, que "pega" **Estelle**, "enquanto Thérèse e **Estelle** deixam Kenneth e Herbert pegá-las da mesma forma", com grifo meu nessa tradução que faço aqui, sem restrições alfabéticas, para *"pendent qe Thérèse et q'Estelle lessent Kenneth et Herbert les entreprendre de même"* (PEREC, 1972, p. 122, grifo meu). Dessa vez, portanto, quem parece ser confundida com Hélène é Estelle, pois Estelle não poderia estar ao mesmo tempo em dois lugares. Ela não poderia estar engajada na longa relação sexual com Clément, narrada em detalhes a partir dali, e, concomitantemente, relacionando-se "da mesma forma" com Thérèse, Kenneth e Herbert. Ademais, durante a descrição dos prazeres compartilhados entre Estelle e Clément, não se faz mais nenhuma menção a Kenneth, Herbert e Thérèse. Estes só podem estar formando quarteto com a terceira mosqueteira, a única ainda disponível, **Hélène**.

Aqui, Peter Ronge (Perec, 2003b, p. 109) substitui na tradução alemã o nome de Estelle por Hélène e, assim, opta por algo que me parece mais lógico naquele instante da narrativa. Adoto, igualmente, a substituição de uma pela outra; e Parayre se mostrou de acordo mais uma vez. Ian Monk (PEREC, 2004, p. 112) também convida Hélène a tomar esse lugar de Estelle na sua tradução.

Já o manuscrito (FGP, 113, 1, 21 v°), de novo, não deixa transparecer nenhuma hesitação na escrita dos nomes Thérèse e Estelle nesse instante específico. Mas Perec hesita, sim, nessa passagem, pois Kenneth e Herbert parecem ser acrescentados posteriormente.

Podemos ler ali, simplesmente, "enquanto Thérèse e Estelle se deixam pegar da mesma forma" – tradução minha (descompromissada com a *contrainte*) de "*pendent qe Thérèse et q'Estelle se lessent entreprendre de même*". De qualquer maneira, existe ao menos uma outra parte do livro (PEREC, 1972, p. 84) em que, no manuscrito (FGP, 113, 1, 26 rº), embaralham-se os nomes do trio Hélène, Estelle e Thérèse, ponto em que estão rasurados os nomes Estelle (e é difícil dizer o que se encontrava ali antes) e Thérèse (que, pela grafia, parece se confundir com Hélène). No mais, não são apenas as três mosqueteiras de Perec que se imbricam no manuscrito; há, por exemplo, um René que se risca e substitui por Peter (FGP, 113, 1, 28 vº), sem gerar grandes questões; e uma outra dupla, que nos leva abaixo a uma discussão bastante fecunda.

Nesse terceiro episódio problemático, são Jeff e Lew que colocam a pulga atrás da orelha leitora (e tradutória). Lew acaba sendo eliminado do parágrafo por Peter Ronge (PEREC, 2003b, p. 122), que, como eu, também deve ter estranhado a sua presença ali. Já Parayre, diante de um caso tão complicado, confessou não saber como me aconselhar.

Somente com o objetivo de examinar a possível confusão onomástica aqui, transformo, neste "Posfácio", a escatologia do trecho em algo mais palatável, já que o gosto do livro está na transgressão *sex*tual, e não na meramente sexual ou rasamente transgressora, que é o que resta quando se traduz um excerto seu sem se respeitar a restrição textual: "Os padres seguram Jeff, e o Bispo, tal qual um vovô senil, bota uma gororoba entre os lábios escancarados do efebo e exige que **Jeff** lamba essa gororoba cheia de vermes. Pálido, Lew obedece", com grifo meu nessa tradução com meros fins didáticos (não custa lembrar…). No original: "*Des prêtres métreezent Jeff, et l'Evêque, tel qelqe pépé séneele, excrémente entre les lèvres béhentes de l'éphèbe et exeege qe Jeff lèche ces fécès plènes de vers. Blême, Lew ebtempère*" (Perec, 1972, p. 136, grifo meu).

As questões que se levantam são as seguintes: como é que Jeff, já estando com a boca cheia dessa gororoba, seria capaz de lamber essa mesma gororoba? Além do mais, é bem provável que ela mal permitisse que a sua língua se movesse para lamber o que quer que fosse. E como é que Lew, que não havia aparecido na cena ainda, e a quem ninguém havia exigido nada, poderia surgir, de repente, "obedecendo"? Sem contar que Perec não tinha a menor necessidade de repetir o nome de Jeff se quisesse realmente se referir a ele. Como esse "*éphèbe*" ("efebo") serve de substituto ao nome próprio na frase e vem pouco antes do verbo "exigir", Perec poderia ter usado o pronome oblíquo *le* para evitar essa repetição desnecessária, numa estrutura como "*et l'exeege de*" (e o exige a). Isso quer dizer que, provavelmente, no lugar desse segundo Jeff, era **Lew** quem já deveria ter surgido, o único a quem se poderia ter feito aquela exigência e que poderia tê-la cumprido.

Voltando agora a lupa ao manuscrito, o que vemos nesse ponto (FGP, 113, 1, 19 vº), nesse segundo Jeff da citação, é, justamente, Jeff e Lew, literalmente confundidos, fundidos um no outro, minuciosamente escritos um sobre o outro, a grafia de um nome acompanhando os traços da do outro, como se esses seres de papel e tinta não fossem senão um único – nome. O J de Jeff se entrelaça ao L de Lew, dois casais de EE se abraçam, e um duplo F encontra a sua alma gêmea num duplo V (caligraficamente em Perec – para quem o W faz tanto(s) sentido(s) – e foneticamente em tantas línguas) e vice-versa.

Parte efetiva ou não da obra, o texto preparatório do autor nos faz entender melhor a gênese do livro e, por conseguinte, a versão final; além de nos oferecer, numa visualidade exclusiva da escrita à mão, um exemplo de como esses seres de letras se relacionam *sex*tualmente. Mas temos de fazer uma escolha entre um personagem ou outro na hora de digitar e imprimir o texto. Então preferi seguir o que considero mais coerente, substituindo o que parece sobrar, o segundo Jeff, pelo Lew, que parece faltar.

O direito de se alterar o texto de partida – para além das alterações usais que sempre são feitas, já que, como dizia Paz (2009, p. 15), toda tradução implica transformação – é um tema bastante delicado. No entanto, a partir do que vimos nas outras traduções e das hesitações que constatamos no manuscrito e expusemos aqui, pode ser que o próprio Perec tivesse feito alterações semelhantes caso tivesse tido a oportunidade de reler/rever o texto para novas edições.

Traduções, críticas e críticas

São questões como essas que nos mostram como é indispensável que se dê voz às e aos profissionais da tradução, para que possam dar mostras do cuidado, da minúcia, da complexidade, da pertinência do seu trabalho e, consequentemente, dos valores que lhes são devidos. Dessa maneira, podem expor suas fundamentações e evitar que algum crítico venha acusá-las ou acusá-los de terem agido de "má-fé" ou de terem demonstrado "ignorância" nas suas escolhas. Já li críticas assim, com essas exatas palavras, escritas por quem mal parecia ter lido a tradução. São, no geral, acusações feitas de forma inconsequente e infundada, ou melhor, fundadas apenas naquilo que, pessoalmente, o(a) autor(a) da crítica gostaria de ter feito na sua própria tradução, como se a sua maneira de traduzir fosse a única possível e, sobretudo, a mais correta de todas.

Como se perguntava Boris Schnaiderman (2011, p. 90), "Quem sou eu para traduzir um Tolstói, um Dostoiévski [ou um Perec, digo eu]? No entanto, é uma exorbitância que eu tenho de assumir, quem puder que o faça melhor". Trata-se de um "ato desmedido", um "ato de soberba" e "ousadia", uma "ousadia" que, entretanto, seguindo nos rastros de Schnaiderman (2011, p. 113), "não pode prescindir de uma fundamentação exigente", que pretendi esboçar aqui.

Mas não devemos esquecer que a tradução é também um ato de amor, um ato de grande admiração, compromisso e responsabilidade para com autores e autoras, obras, línguas, culturas, universos diversos dos nossos. Isso demanda de nós ainda mais zelo no seu trato, um zelo que deve ser estendido igualmente à tradução quando formos criticá-la. Devemos nos esforçar para, em vez de julgá-la a partir de parâmetros pessoais, colocarmo-nos na pele de quem a fez e buscarmos compreendê-la através dos fundamentos que se explicitam ou transparecem no trabalho, no projeto e nos objetivos que o(a) tradutor(a) tinha em mente. Não apenas a tradução, mas também a crítica da tradução deve ser um exercício de compreensão, de alteridade, de respeito pelo outro.

Antoine Berman (1992), que acreditava que temos todos os direitos do mundo ao traduzir, desde que abramos o jogo e mostremos as cartas a quem irá ler o nosso trabalho, falava também de como somos movidos por uma "pulsão de tradução", de como existe algo em certos livros que nos faz pulsar e desejar (e tentar, dentro dos nossos limites) compartilhar algo daquilo que nos atrai tanto ali, algo daquilo que nos fascina. Há livros que nos impulsionam a fazer o texto viajar, girar o mundo, entrar na casa de quem não pode ler o original e que poderá, assim, também contribuir para a sobrevivência ou a permanência do texto, ou para a "sobrevida" ou *pervivência* ou "continuação de sua vida" (nos vários termos que traduzem o *Fortleben* de "A tarefa do tradutor" benjaminiano). Há livros que nos propulsionam a mais ou menos o que almeja Tencrêde, esse personagem de *Qe regressem* que, a certa altura, no intuito de pôr ordem no mexe-mete e encaixar aqueles seres de letras uns nos outros, como quem se esforça para cruzar as palavras no *scrabble*, pronuncia a frase que Perec afirmava ser, talvez, sua preferida e que serviria como um lema para a sua obra:

"*Je cherche en même temps l'éternel et l'éphémère*" (com todas as letras, "Busco ao mesmo tempo o eterno e o efêmero" ou, com poucas letras, "Qer ver, perenes, efeméredes qe perecem".

Por sinal, tal busca me faz ainda recordar o personagem preferido de Italo Calvino (também membro do OuLiPo) na *A vida: modo de usar*, aquela que é considerada a obra-prima de Perec, em que se justapõem a maior parte das peças do quebra-cabeça literário que ele queria montar. Nessa *Vida*, há um "matador de palavras" (PEREC, 2009, p. 347), para usar as palavras de Ivo Barroso em sua tradução, um homem de "uns cinquenta anos" que "trabalhava na atualização dos dicionários Larousse" e tinha de "eliminar todas as palavras e todos os significados caídos em desuso". Esse "curioso ofício" não me parece tão oposto ao de quem escreve ou traduz, principalmente de quem traduz o que Perec escreve.

Em conclusão, mais precisamente quando traduzimos um texto como este nossa tarefa é bastante semelhante à de um "matador de palavras", pois temos de assassinar tudo aquilo que há de cômodo ou acomodado ou em coma na língua, as inúmeras normas que nos guiam (ou oprimem) todo santo dia, profanando a língua e fazendo se revirarem nos túmulos todos os bons costumes linguageiros. Fazemos isso para, justamente, em contrapartida, exumar e ressuscitar umas palavras (como "entremez" ou "revez"), para desenterrar, de outras, sentidos caídos no esquecimento e/ou reanimá-las com outros mais inusitados (como "lemes qe se menêem em mexe-metes"), para reabilitar uns mortos-vivos ao adotar suas variantes mais raras (como "esterrecer", "esbeltez" e "levez"), para relacionar outras (mumificadas ou não) com aquelas com as quais elas jamais se relacionariam por si só (como "desfrenes enteceres"), para fazer balançar os esqueletos de expressões fossilizadas ("de qe vem trem qe nem sempre é bem-me-qer qe se chêre"), virar e revirar vetustas estruturas a fim de se fazer entender ("se bem qe deve ter gente qe nem seqer tente te entender"), para fazer também (como escreve Leslie Kaplan) com que diferentes línguas se beijem ("deem *french keesses*"), oferecendo um novo sopro de vida às línguas e às formas de pensar, questionando a própria literatura e suas vozes, por vezes, tão fantasmagóricas e sombrias (de tão sóbrias e solenes que soam), lutando contra a estagnação, o ranço, o fascismo de que nos falava Barthes.

Referências

BARTHES, Roland. *Aula: aula inaugural da cadeira de Semiologia Literária do Colégio de França*. 11. ed. Tradução de Leyla Perrone-Moysés. São Paulo: Cultrix, 2004.

BELLOS, David. *Georges Perec: une vie dans les mots*. Tradução de Françoise Cartano e o autor. Paris: Seuil, 1994.

BENJAMIN, Walter. *A tarefa do tradutor, de Walter Benjamin: quatro traduções para o português*. Organização de Lucia Castello Branco. Belo Horizonte: FALE/UFMG, 2008.

BERMAN, Antoine. *Pour une critique des traductions: John Donne*. Paris: Gallimard, 1994.

BURGELIN, Claude. *Album Georges Perec*. Paris: Gallimard, 2017.

BURGELIN, Claude. *Georges Perec.* Paris: Seuil, 1990.

BURGELIN, Claude. *Georges Perec.* Paris: Gallimard, 2023.

CAMPOS, Haroldo de. *Metalinguagem & outras metas: ensaios de teoria e crítica literária.* 4. ed. São Paulo: Perspectiva, 1992.

CARVALHO, Carlos André Batista de. *O uso de técnicas de recuperação de informações em criptoanálise.* Rio de Janeiro: Instituto Militar de Engenharia, 2006. Dissertação (Mestrado em Sistemas e Computação) – Instituto Militar de Engenharia, Rio de Janeiro, 2006.

DECOUT, Maxime. Notice [de *Les Revenentes*]. *In:* PEREC, Georges. *Œuvres.* v. I. Paris: Gallimard, 2017. (Bibliothèque de la Pléiade.)

ECO, Umberto. Introduzione. *In:* QUENEAU, Raymond. *Esercizi di Stile.* Torino: Giulio Einaudi, 1983.

FÉRES, José Roberto Andrade. Perdem-se EE em Perec e pede-se qe regressem em *Les Revenentes*: *Qe regressem! In:* ALVES, Daniel; BRANCO, Sinara (Orgs.). *Discussões contemporâneas sobre os Estudos da Tradução: Reflexões e desenvolvimentos a partir do IV Encontro Nacional Cultura e Tradução.* Campinas: Pontes Editores, 2019. p. 105-119.

FÉRES, José Roberto Andrade. Verter Les Revenentes, de G. Perec, em *Qe regressem*: mexe-mexe de verbetes. *In:* DEPLAGNE, Luciana Calado; ASSIS, Roberto de (Orgs.). *Tradução, transculturalidade e ensino: De Christine de Pizan à contemporaneidade.* João Pessoa: Ed. do CCTA/UFCG, 2022. p. 240-251. Disponível em: https://bit.ly/3rSiolf. Acesso em: 6 jul. 2023.

FONDS GEORGES PEREC [FGP]. *Les Revenentes.* Ms-Perec-113, 1. (Microfilme)

FOUCAULT, Michel. O que é um autor? *In:* FOUCAULT, Michel. *Ditos & Escritos III.* Tradução de Inês Autran Dourado Barbosa. Rio de Janeiro: Forense Universitária, 2009, p. 264-298.

GENETTE, Gérard. *Palimpsestes: La littérature au second degré*. Paris: Seuil, 1982.

INSTITUTO ANTÔNIO HOUAISS. *Dicionário eletrônico Houaiss da língua portuguesa*. Objetiva, 2009.

KAPLAN, Leslie. Traduzir é sexy. *In:* GARCIA, Marília. *Um teste de resistores*. Rio de Janeiro: 7Letras, 2014.

LAVALLADE, Eric. En terre étrangère. *In:* DELEMAZURE, Raoul *et al.* (Orgs.). *Cahiers Georges Perec 14: Perec l'oeuvre-monde*. Paris: Les Venterniers et l'Association Georges Perec, 2021. p. 79-91.

MAGNÉ, Bernard. *Georges Perec*. Paris: Armand Colin, 2005.

MAGNÉ, Bernard. Les Revenentes: de l'effervescence entre lengge et texte. *In:* MAGNÉ, Bernard. *Perecollages: 1981-1988*. Toulouse: Presses Universitaires du Mirail-Toulouse, 1989. p. 175-192.

MESCHONNIC, Henri. *Éthique et poétique du traduire*. Lagrasse: Verdier, 2007.

MÜLLER, Didier. *Analyse des fréquences en français*. Table des matières. Ars Cryptographica. Disponível em: https://bit.ly/3qjGk06. Acesso em: 5 mar. 2023.

OULIPO. *Atlas de littérature potentielle*. Paris: Gallimard, 1981.

PARAYRE, Marc. Prefácio. *In:* PEREC, Georges. *El secuestro*. Tradução de Marisol Arbués, Mercé Burrel, Marc Parayre, Hermes Salceda e Regina Vega. Barcelona: Anagrama, 1997.

PARNOT, Isabelle. Faufilage à l'anglaise d'un sujet sans langue (de l'art de délier les langues). *In: Georges Perec artisan de la langue [en ligne]*. Lyon: Presses universitaires de Lyon, 2012. Disponível em: https://bit.ly/476qJSt. Acesso em: 5 mar. 2023.

PAZ, Octavio. *Tradução: literatura e literalidade*. Tradução de Doralice Alves de Queiroz. Belo Horizonte: FALE/UFMG, 2009.

PEREC, Georges. *La Disparition*. Paris: Gallimard, 1969.

PEREC, Georges. *Les Revenentes*. Paris: Julliard, 1972.

PEREC, Georges. *Espèces d'espaces*. Paris: Galilée, 1974.

PEREC, Georges. *Penser/Classer*. Paris: Hachette, 1985.

PEREC, Georges. *Um homem que dorme*. Tradução de Dalva Laredo Diniz. Rio de Janeiro: Nova Fronteira, 1988.

PEREC, Georges. *W ou a memória de infância*. Tradução de Paulo Neves. São Paulo: Companhia das Letras, 1995.

PEREC, Georges. The Exeter Text: Jewels, Secrets, Sex. *In:* PEREC, Georges. *Three by Perec*. Tradução de Ian Monk. Boston: David R. Godine Publisher, 2004.

PEREC, Georges. *Entretiens et conférences*. Edição de Dominique Bertelli e Mireille Ribière. Nantes: Joseph K., 2003a. 2 v.

PEREC, Georges. *Dee Weedergenger*. Tradução de Peter Ronge. Münster: Verlag Helmut Lang, 2003b.

PEREC, Georges. *Ellis Island*. Paris: P.O.L., 2005.

PEREC, Georges. *A vida: modo de usar*. Tradução de Ivo Barroso. São Paulo: Companhia das Letras, 2009.

PEREC, Georges. *O sumiço*. Tradução de Zéfere. Belo Horizonte: Autêntica, 2015.

PEREC, Georges. *Lieux*. Prefácio de Claude Burgelin; edição e introdução de Jean-Luc Joly. Paris: Seuil, 2022a.

PEREC, Georges. *De wedergekeerden*. Tradução de Guido van de Wiel. Amsterdã; Antuérpia: Uitgeverij De Arbeiderspers, 2022b.

RONGE, Peter. Les Revenentes, autre cas de réécriture perecquienne? *Lendemains*, n. 113, 2004. p. 99-112.

ROUBAUD, Jacques. *Є*. Paris: Gallimard, 1967.

SCHNAIDERMAN, Boris. *Tradução, ato desmedido*. São Paulo: Perspectiva, 2011.

Este livro foi composto com tipografia Bembo Std e impresso em papel Off-White 80 g/m² na Formato Artes Gráficas.